伍詠光著

工，唔係咁打！
作者／伍詠光
策劃編輯／伍詠慈
美術設計／鄺穎殷
插圖／鍾冠峰
出版發行／突破出版社
香港沙田亞公角山路33號突破青年村
電話：2632 0000　傳真：2632 0388
電郵：breakthrough@breakthrough.org.hk
網址：http://www.breakthrough.org.hk
http://www.btproduct.com
承印／陽光印刷製本廠
2015年6月初版1刷
2015年11月初版2刷

You Cannot Work Like This !!!
by Ng Wing-kwong, Ringo
First Printing, First Edition, June 2015
Second Printing, First Edition, November 2015

Printed in Hong Kong
ISBN 978-988-8246-65-6

本書採用環保油墨印刷

生　活　與　輔　導

關懷、連繫、復和、

溝通、對話……

凝視心之脈動，

直到重新尋獲自己的心。

序一　趙燕萍　6
序二　紀治興　8
自序　10

導言：工，唔係咁打要點打？　12

理想可以當飯食

這時代，還講理想？　20
事業可以自己規劃嗎？　26
上班幹嗎？　32
競爭力，不過時嗎？　38
如何自製筍工？　44
有得揀，不如自己做老闆？　50
快 30 歲，還是一事無成？　56

令人眼前一亮的職場新鮮人

一張打動人心的 CV　64
招聘面試必勝術　70
不找爸媽陪面試，是常識吧　76
人脈網絡不敗之謎　82
贏得信任的職場新人　88
提升 Presentation 的感染力　94
增強創意的簡易法　100
內向者的辦公室生存法　106

快樂上班有可能

誰偷走了我的時間？　124
向死線反擊　130
養成工作專注力　136
要開有效率的會議　142
克服 Monday Blue　148
如何令自己快樂上班去　154
上班不加班　160
明天要上班，失眠怎麼辦？　166

辦公室人際中茁壯成長

學懂說話，改善同事關係 182

不怕公司老油條 188

突圍同事玩杯葛 193

解除衰同事毒素 198

化解辦公室衝突 204

遇上無能上司，怎辦？ 210

向上司講最難開口的話 216

成為加強員工熱誠的上司 222

打工，就是打造自己

突破職場生涯瓶頸 234

辭不辭工的考慮 240

減退失業的負能量 246

抓好 Working holiday 的機會 251

30 歲前，要知道有關金錢的事 257

有些死貓總要吃 263

職場交叉點，怎抉擇？ 269

做事一絲不苟的思維 275

忠誠伴你走得更遠 280

後記：路要怎麼走？ 286

上班應用程式

1 職業測試工具有用嗎？ 112

2 面試宜忌 118

3 人靠衣裝 119

4 意想不到的「桌面提示」 172

5 有效率開會法 174

6 增強辦公室幸福感 176

7 無法滿足的上司 227

8 打招呼最強秘訣 230

序一

早前讀報，看到一名初入職場的年輕人，透過 WhatsApp 向上司請辭，她不但要求翌日生效，還要人家給她支付該月薪金，否則勞工處見。僱主將她的「豪言」放到網上，令她迅即成為網絡「紅人」，還登上新聞，落人笑柄。到底這名年輕人出了什麼問題？初出茅廬的你，是否也犯過同樣的毛病？

職場就如一個修煉所，每個人一生的喜怒哀樂、勝負榮辱，大部分都在這裏經歷。年輕人初入職場，常常碰個焦頭爛額，憤懣之餘，對前途亦充滿迷惘，不知該如何自處。有人賭氣逃避，辭職不幹；有人百折不撓，馳騁職場，你知道成敗關鍵在哪裏嗎？

獲作者伍詠光邀請，為新書撰寫序言，對筆者來説，是一件樂事。因為在閱讀過程中，自己也學到很多人生道理，獲益良多。

記得書中有句：「死貓總要食」，有時這隻「死貓」未必對你有害，或者可以「溫暖」你和使你成長。每一個失敗，每一個困難，每一次被同事、上司欺負，都可能是你人生成長的「養分」。

一向抱持「唔畀得人屈」想法的打工仔，或許不願苟同。但想深一層，身處波譎雲詭的社會，不論你是一個小職員、打工皇帝、政治家，還是一國之尊，在不同的處境中，誰沒吃過或大或小的「死貓」？有人即時氣上心頭，拍枱大叫；有人忍得一時，換來風平浪靜，甚至避過一場風暴。要是懂得當中的博弈，就會明白「食死貓」，不過是跳了一支探戈，進退之間，仍能攻守有道。

筆者在傳媒業打滾多年，見過不少新鮮人，常聽到人問：「記者人工這麼低，怎麼生活？」、「沒有下班時間的工作，豈非斷六親？」、「看不清自己的前路，不知應否堅持下去？」我想，不同人心裏有不同的答案，只要認清

自己的目標，就會甘心情願的奮鬥下去。套用書中一句：「成大事不在於力量的大小，而在於能堅持多久。」能夠沉得住氣，改善自己，靜待時機，成功自然在望。

世界很大，職場考驗也很多，新鮮人不明白當中的潛規則，難免要吃一點苦頭。筆者少不更事時，每當遇上難題，總渴望有個智慧老人，能賜我無窮智慧，助我解開困惑。本書作者從事輔導工作，是個職場有心人，他的一字一句，都是智慧經驗的累積，在奮鬥的路上，有伴同行，是何等美事。

誠如作者所言，工作的意義，不止於賺大錢，它也在書寫你的人生意義。做工就是「做人」；做好自己，看通自己，看通人性！這個你起碼要浸十年二十年。

趙燕萍

《Job Market 求職廣場》總編輯

序二

理想的成人人生可分為三場，上半場是為了爭取成就，贏得尊敬；中場是為實現自我，活出意義；下半場是將累積的智慧和基業付予他人，傳承下去。大部分人一直停留在上半場，小部分人則在五十歲左右轉去中場，再在七十多歲時才轉到下半場。在人生的不同階段，焦點從滿足物質生活，轉至自己的心靈富足，再回到照應自己愛護的人。

沒有經歷過有得有失的人生起伏，不會認清什麼是最值得自己珍惜的，也很難體會易趣（Easy pleasure）與難趣（Difficult pleasure）的分野。可以用錢買回來的是易趣，容易獲得，但亦容易忘記。在付出努力後油然而生的是難趣，難以獲得，但也是難以忘懷。例如，活出自我和盛載他人，都是難趣。明白易趣是好，但難趣更好，是開始思考脱離上半場的觸發點。

本書主要是分享如何準備上半場，及當中的職場應對策略，包括挑選職業、面試、和管理事、人、及自己等的五個階段。以下有幾點化被動為主動的建議給青年讀者：

一、迎接「有點不習慣」：人的天性是喜歡停在安舒區，所以覺得第三四個階段的人事問題是煩擾。正如有人覺得要徒步上班是苦差，但亦有人喜歡每天「攞苦嚟辛」去做運動，同樣的事情，可以有兩種截然相異的見解。

成長需要不斷加入新經歷、知識、感受、靈感等。故此要開放自己，在生活中多接觸不同的人和事，拉闊自己經驗和視野的廣度，尤其是面對不習慣的人和事，不用逃避。過程愈是感覺不熟悉，獲得成長的幅度愈大。不難不長，遇難才會變強。其實認識不同背景的朋友，是在累積搭橋型或連接型社會資本；克服不同新事物的挑戰，是在開發人才資本。廣度提升高度，這些資本都會在未來帶來益處。

二、培養反思的習慣：每次經驗都有教育功能，我們要懂得珍惜。這樣，已過的日子，便不是白活，而是在累積我們的資源庫存。一方面藉參透

往事的因果關係，從而總結出務實的生活智慧；另一方面，亦在整理所喜惡事物的原因中，沉澱出自己的審美風格，摸索出「我之為我」的獨特內涵，與人相處，甚至是面試時，會讓人感受到饒有趣味，不再像一般年青人的面目模糊。

將記憶及知識、再加入反思後的感受和心得，記載在筆記簿或日誌裏，使它們有個清晰的下錨點，容易尋索，有助建立重複反省的習慣，及在所累積心得上不斷深耕細作，逐步演化思考的層次。

三、發展平行事業：在上半場的後期，忙於應付各種生活及職場的挑戰，容易迷失自我，畢竟並非人人都具清晰的人生方向。每個人主觀客觀條件都不同，所以人生意義的建構，不能由他人越俎代庖，只有靠自己尋找發掘。

人生意義有如興趣，是培養出來的。在專注賺錢維生的職業外，盡可能在工餘開展另一項自己喜歡的平行事業（Parallel career），可以是運動如馬拉松、或藝術如話劇、或信仰追尋、或義工服務、或政治參與、或探索不同的生活文化等。

平行事業有三種功能。首先是提高抗逆能力。例如，雖然昨天被上司訓斥，但今天終於跑完全馬，證明自己，心情恢復。其次，當專注一項事業時，會搜索有關知識、擴闊社交網絡以認識有關人士、在追求突破時會發揮創意，而每次突破都是成長。因為是自己喜歡的事，這些工作雖然勞苦，但會覺得有意義。最後，部分平行事業可能成為中場所尋求意義的志業。

紀治興
香港浸會大學工商管理學院客席副教授

自序

我在突破機構的工作主要分三部分：行政（策劃、人事管理、開會、文書行政等）、輔導和心理健康教育，所以寫作並非我的「正職」。我要寫作就得犧牲假期和平日公餘的時間。

為何要這麼辛苦，又「不務正業」呢？因為我視寫作是我其中一個 core business。當中對我有兩重意義：

第一，跟讀者產生一種心靈上的牽繫。每次聽到遠處近處，認識不認識的讀者的回應，或者得悉書對他們有幫助，我都感到很快慰。如果你有機會讀到這本書，不妨傳給我一個電郵：pub@breakthrough.org.hk 或到「突破書籍」Facebook page，談談你的感受。

第二，年輕一代的基督徒在職場上荊棘滿途，但有時發現所聽的「道理」比較「離地」，難應用到工作層面。我希望以最顯淺最實用的方式，將一些抽象的心理學和神學內涵應用出來，令人感覺實在一點。信仰可以應對生活的。

這本書很多文章連載於《Job Market 求職廣場》的專欄，然後上載到「突破書籍」的 Facebook page。一直以為出版這本書不難，只要將文章修編一下便行。怎料，事情非我想像簡單。我要幾經艱苦將稿件改了又改不知多少遍，才能成書。因為，我跟突破出

版社的編輯詠慈都有要求，務求出版一本認真的書吧！感謝她落力的付出，推敲每字每句每篇如何對準讀者的處境和需要，她也教曉我很多東西。雖然辛苦，卻很享受這種並肩奮鬥的過程。

此外，謝謝美術設計師阿 Wing 及繪畫插圖的阿峰也令這書更活潑、更生動。

我更想感謝幾位為這本書寫序的前輩，他們都是年輕人學習的榜樣。我個人不認識莊偉忠先生，但欣賞他對人對事的態度。書中提過「做人是正職」的 CEO 正是他；也感謝趙燕萍小姐給我機會在《Job Market 求職廣場》發表短文；而紀治興先生不但是突破的友好，更是以熱誠推動的生意人和生命導師。我相信他們的故事就是最好的生命教材。

書中談到很多自己頭十年的工作經驗，我萬分回味，也驚歎時光飛逝。感謝神給我這段美好的工作生涯。老套一句：當你回首以前走過的路，發現原來昔日的一切艱辛都不外如是。人生就是如此！這是 40 歲的我，對 20、30 歲的自己要說的話。

你的弟兄

Ringo

工，唔係咁打要點打？

曾幾何時，有一個年代，香港人稱為「獅子山下」時代。那時，每個人都努力幹活，知道沒有不勞而獲，但起碼一分耕耘，一分收穫。當時，人人為我，我為人人，人際間守望相助，最好的朋友就是工廠的工友。

時代演變，進入稱為「中環價值」時代。當時最暢銷的書籍是《李嘉誠傳》，人人夢想成為下一個「李超人」。當時最要緊是食腦、走精面，有錢唔賺你就笨，有價唔叫你就蠢。社會的關鍵詞是「貪」。你以為最好的職場朋友，可能是你最大的敵人。

今日，可能是最迷失的職場時代。新一代的你已經對工作感到無奈和迷惘，天天苦着臉勉強上班去。

以下是大部分人面對的五大狀況：

1. 消失的上流力

以前講上流力，是提升薪金和職位。今日，早已沒有這支歌唱。新一代的你就是缺乏上流力，再不易談理想。好不容易，以為找到一份理想工作，又赫然發現那份工作已經「變質」……

銀行服務員（teller），主要職責是提供一般銀行櫃枱服務。但今天的 teller 須要跳出櫃枱，變身推銷員，由 teller 變 seller，向客戶推銷其他銀行服務，不只投資，還有借貸，不只借貸，還有保險。或者你叫「投資顧問」，其實不過是保險經紀、大耳窿，加上上頭給你的 quota，令你吃不消。

本來從事市場推廣，策劃市場推廣策略，你會發現自己不過每天在辦公室對着電腦，監察公司和競爭對手的 Facebook 動向，不停在撰寫 Facebook posts，做個鍵盤戰士。一心想成為專業人士，竟然變成電腦宅男宅女。

以為是個 management trainee，其實是個隨時補位的大打雜。還有很多例子……

以為找到想做的工，原來不如理想；適合你的工真的不如你想吧？又或者你根本不曉得自己想做什麼？先別沮喪，**本書第一部分就是要與你談理想，談尋找理想工作，理想真的可以當飯食！**

2. 被動的求職命途

香港的工種選擇狹窄，加上一份工有成千上萬人去爭。對於新一代，機會真的大不如前。求職要突圍，不靠學歷、不靠人脈、不靠後門，還能靠什麼？除了無奈地做被動一族，看命運怎替你選擇，還有什麼可作？

第二部分給職場新鮮人，既有技術和思想裝備，也有實用的技巧，要成為使人眼前一亮的新人。

3. 工作的強大壓迫

科技日新月異，令人不眠不休地工作。上司不分日夜給你電郵，去跟外國同事和客戶開 teleconference，接收和跟進上司或同事的 WhatsApp。你彷彿變成一部電腦，工時是 24 x 7。Work hard, play hard 的時代已成過去，難為工作與休息定分界。工作講 quota、講業績，打工就是寫張漂亮的成績表，但這張成績表的確很難寫。

即使覓得一份理想工作，你也要對工作質素有新的「詮釋」。工

作質素要包括整體生活質素，就是生活與工作的平衡。關注是：不管那飯碗是否鐵造，而是飯碗裏面的飯，是否你喜歡吃，而且吃得飽。

第三部分就是要對還在學習「打工」的你説話。應付日益沉重的工作壓力和要求，不能牛一般使蠻力，更要具備一種智慧，通透地認識自己和他人的特性，同時兼備心理質素；學會心態上的 work-life balance，轉被動為主動。希望你能舉一反三，活學活用。

4. 職場低 EQ

工作環境迫瘋了人，令人 EQ 暴跌。當我們四周都包圍着低 EQ 的人，只感到窒息。打工仔抓狂，上司也發狂。職場心態變得兩極化（bi-polar），一面是「人人為我」（即過度自私自我，總要別人遷就討好）；或者是「我為人人」（過度自卑，事事害怕別人看法，處處討好）。職場中的自戀狂愈來愈多，抑鬱和焦慮發病率愈來愈高。

第四部分要為你解開職場的人際困擾。在一個混雜不同年紀不同性格的人的辦公室內，關係錯綜複雜，要搞好人際關係，避免跌進陷阱，你要如何自處呢？

5. 放棄與堅持的交叉點

工作乏味、沒東西學、沒晉升機會……種種都是每天困擾着打工一族的煩惱事。當你一直卡在這個不上不下的位置，早已喪失工作的意志與熱誠。這時你站在人生交叉點！究竟繼續吞聲忍氣，還是瀟脱離場？自尋出路，還是自尋短見？

第五部分給已出來工作一段日子的你，相信當中有不少問題已在腦海中盤旋日久：轉工不轉工、前路如何發展、一生想得什麼、做個怎樣的人、錢要怎樣花……統統都是交叉點。打工，就是打造自己，希望給你看工作的新視點。

不認命，孕育打工智慧

時代巨輪不斷在轉。時代在變，思維也要變。

我屬於九十年代中期加入職場的一代，當時社會仍然充滿機會，有些職位可以叫價。對於今日的新一代，我不會輕言「一代不如一代」，因為職場生活比以前更艱鉅。但我相信逆境也可以孕育競爭力，孕育創意，不要輕易心灰，不要輕易「認命」。

這本書希望成為引發思考、開啟智慧泉源的指示牌。生活艱難，工作辛苦都不是最大問題，最大問題是人被生活壓迫得失去想法。

願這本書重燃你對工作的熱誠和思考。

理想可以當飯食

這時代，還講理想？

念大學時我修讀經濟，畢業前，我問自己想做哪行。當時，大部分同學畢業最「正路」的選擇是加入銀行工作，薪高糧準有前途。而我卻認為銀行工很刻板，不過是天天對着大堆數字和賬單。結果，我毅然選擇一條對經濟系學生來説很「冷門」的路，就是廣告業。

好不容易，加入了廣告公司。初時，我很享受這份多姿多彩的工作，見識廣，靈活多變，而且給人感覺很時尚。

幾年後，有一晚，在辦公室工作至晚上 11、12 時，我呆望着對面的房間，房內坐着我上司的上司，她也正在公司留守。我想：「不論我怎樣努力，多花幾年攀上她的位置，不過是天天加班，這對我有什麼意義呢？」從這天開始，我常常問自己一個問題：「究竟我要做什麼工作？」

相信今天仍有很多年輕人像我當年一樣，問同一道問題。面對不同工種，你會説：「不清楚自己適合做什麼工作！」正苦着臉上班的你，又可能説：「我不喜歡這份工，又不知道喜歡什麼。」就像患了「選擇障礙症」。

如果問你，什麼是「理想工作」？你又未必有答案，例如賺錢少的不去想、職場上少聽到的不去選、講夢想不實際的工不去做，覺得自己做不來的又怕去試……究竟理想要如何尋覓？

邁向理想第一步：認識自己

「究竟要做什麼？」的問題困擾了我幾年，我問過很多人，最終也沒有人可以替我解答，只好自己去尋覓答案。幾個月的尋覓期間，每個週末都一個人踱到尖沙咀海旁，望着海，用心地尋找一些失落了的記憶，觸摸心靈裏面的微細感動。我相信，理想不是憑空想出來，應該有路可依，先徹底認識自己開始。以下就是我從思考中歸納出的幾個指標：

1. 你喜歡做的事

就是你感興趣或令你感到優越滿足的事，可以是你小時候開始的興趣，配合你個性的事，例如喜歡「美」的東西、跟人接觸、動腦筋思考，或者愛新奇刺激等。

2. 你擅長的事

每個人總有自己較為專長或者工多藝熟的事，可能是表演能力、對人心理的敏感、對數字的敏銳、有耐性做細緻的工序等。

3. 你可以賺取收入的事

別人願意邀請你幫忙，也有人信任你這方面的能力、你可以勝任的事。

「你擅長的事」和「你可以賺取收入的事」說明了「你能做什麼，不能做什麼」，前者是你怎樣看自己，後者是別人怎樣看你。如果你發覺很難回答，可以回想從小到大別人曾經讚賞過你，你曾經獲嘉許的事，例如是藝術、體育、關愛、口才、思考方面；或試用一種「排除法」，就是別人曾經批評過你的事，就從相反方向去找，這可能是你「突出」的地方。

4. 你樂於承擔的事

這反映了你的價值觀。你想，如果身邊的人做這種事，世界就會變得更美好，例如流浪貓狗得到照顧、社會正義得伸張，或下一代得到優質的教育等。

以上四道問題，如果你抓破頭皮都答不到，說明你平日對自己或對身邊的事物漠不關心，不妨開始多留意自己、留意周遭事物，多觀察，多問「別人會為什麼感快樂？」「我做得快樂時，別人也會快樂嗎？」

邁向理想第二步：尋找意義

工作的意義是什麼呢？可以反映你的價值觀嗎？你會說，工作哪有什麼意義，不過是賺錢生活吧。這想法太膚淺了。工作佔了你人生超過一半以上時間，你真的甘心浪費青春在不喜歡、無聊的事業上嗎？工作應該賦予你生命一層獨特意義。意義並不抽象，是比計算薪金還簡單一點的小算式！這裏有四種意義的算法：

1. 你喜歡做的事 + 你擅長的事 = 做得最開心的工作

你知道有時理想不能當飯，這類工做得開心，但不能讓你賺大錢，可能只夠「搵兩餐」。設若你想當音樂人、舞台演員，你未必能飛黃騰達，不過既然喜歡，何不轟烈一次，讓自己不枉此生？

2. 你擅長的事 + 你可以賺取收入的事 = 最能賺錢餬口的工作

這種工作未必令你做得暢快開心，但至少可以養妻活兒。例如你喜歡藝術，但大學選修了會計，會計既有穩定收入，就只好甘心做。

3. 可以賺取收入的事 + 樂於承擔的事 = 最能貢獻社會的工作

很多人兒時作文寫「我的志願」，都會説當警察、醫生或老師，他們希望透過服務他人獲得一份滿足感。就是指這種工作。

4. 你喜歡做的事 + 樂於承擔的事 = 一展抱負的工作

投身這類工作通常受使命感推動，可能是志願團體的工作，或者幫助弱勢社羣的職位。這些人只考慮他人的利益，不計收穫。

我如何回答自己的問題？想了三個月，我歸結出一份集合四種意義的工作，就是心理輔導，既可賺錢生活，也能助人，而且相信將來會愈做愈滿足。於是我毅然辭去原先的工作，重新進修。

我認為什麼時勢都不會影響你去尋覓理想，因為「講理想」只有四個字：「忠．於．自．己」。失去「自己」，一切忙碌都變成庸碌。**因此，「理想的」工作就是最適合你、最配合你個性和目標的工作。**

事先聲明，初出茅廬的你未必即時拿捏到的，因為你經歷尚淺，沒有親身體會，難說得上喜歡不喜歡。建議你，現階段儘管什麼都嘗試，不要太快局限自己。我也曾嘗試過不同工作！

今天就從上述各題中作出一點優次選取。怎取捨？可以問自己：「如果明天我就要離開世界的話，我今天要做什麼，才會死而無憾呢？」談理想，就是要找一份死而無憾的感動吧！

可以自己規劃嗎？

年輕人在前路問題上總感到很被動、「被規劃」：讀書課程被安排、考試前路被限制、升學被規限……以為出來工作，可以爭取自主，可是很多時候，只能見路走路，每份工都「做住先，走着瞧」。工轉了又轉，總是不穩定，找不到落腳點，看不見方向。只能怨句，社會欠了你一個上流的機會。

難道連事業都只有「被規劃」的嗎？

「事業」發展就是「一生」的發展

你也愛拍照吧？一般相機，要近距離對焦時會失焦；但只要定鏡在一些遠的景物上，相機就可以對焦，然後你把鏡頭移回近處的東西上，就可以拍照了。請你向相機學習，別將目光只放在腳下這一點！這只會使你感覺無力與無奈，好像人低着頭走路，忘了抬頭看着前面走。

目光放長遠，是要看什麼呢？就是認識你現在做的叫工作，你走的路叫事業（也有人叫生涯）。工作（job）是中途站，事業（career）是人生旅程的路徑。Career 的拉丁文字根是 cararia，即路徑。「事業」由很多「工作」組成。你要找的不是一份工作，而是事業的路徑和軌迹。

求職跟事業規劃不同，求職是找工作，事業規劃是計劃人生的發展。事業是可以規劃的，工作離開「人生」規劃，不過是找一份賺錢差事，見一天過一天。工作納入於「人生」規劃，就像抬頭望向前方，即使現在這份工作多苦多難，也會成為你下一份工作的盼望、意義和優勢。

當回望自己工作的軌迹，就會找到你的 career。不同的「工作」經歷怎樣把「事業」規劃出來？以下有四個方法：

1. 回望過去的工作

有些人的事業路有點曲折，上一份工作可能跟目前的工作是 180 度大轉換。當我由商界轉行到輔導工作時，已經 30 歲。當時曾埋怨自己，為何不一畢業就做輔導？似乎走了一趟「冤枉路」。後來我發現，在商界學懂觀人，學懂做人態度，這經驗對我做輔導工作很有幫助。

可能你過去的工作表面上沒有「參考作用」，但當細心想，儘會發現一些曾造就你的地方，它為現在或下一份工打下重要的基礎。你埋怨過的「冤枉路」，可能是前往目的地一個重要「路標」，甚至是一塊踏腳石，指示你哪裏「行人止步」，哪裏是「出路」。

2. 綑縛式思考

農業在本地已經式微。有個年輕人喜歡耕作，於是在寫字樓工作賺生活，公餘向政府租地定期耕作。後來乾脆跑到新界甚至舊樓天台找地方耕作，後來更開農莊辦教育，提倡簡樸生活。平日生活也以綠化和簡樸為原則，這就是他規劃自己人生的方式。

為了餬口，你的確要「頂硬上」，做一份未必最喜歡的工作。那麼，不妨以一種綑縛式（bundle）的思維去想，把「正職」和「副業」綑在一起。「正職」是你喜愛的工作和興趣，「副業」可能是餬口的工作。一面賺錢，一面發展興趣。

如你現在做的就是你喜歡的工作，但它有很多你不喜歡的地方，如 dirty works；你不妨為着仍然有喜歡的部分，堅持繼續做下去。

3. 找出主題

有一個年輕人修畢設計後，在一間小型設計公司當打雜，一年後轉工到另一間規模較大的公司做平面設計。又做過幾年，始終覺得自己一直的興趣是烹飪而非平面設計，所以立刻辭工，在西餐廳當學徒。朋友和家人極力阻止，怕他前功盡廢，要重頭開始。但他對我説：「我覺得自己根本沒有轉工，因為設計和西廚，對我來說，都是一種『創作』。」幾年後，他將兩件事 crossover，發展「創意食譜」。

即使你已經換過不少工作，或者現在的工作跟你以前修讀的南轅北轍，你也可以試找出工作與工作之間的主題（theme），這個主題與你的興趣或專長相關，從中你可能會發現一條軌迹。

4. 為自己命名

當我檢討自己的人生時，發現自己很喜歡聆聽別人的故事，朋友對我也非常信任，願意跟我坦誠分享。聆聽與安慰是我的特質，也是容易令我滿足的事。我想過，如果一天死去，想在墓碑上刻上「安慰者」三個字。我就用「安慰者」成為我生命的名字，也成了我現在的工作。

你的名字代表你這個人，你的工作也代表着你，這是你的個性、特質、興趣和專長。因此，不妨替自己命名。這名字可以是一個形容詞、職業或者角色。你就可以活出一個配合你名字的生活。

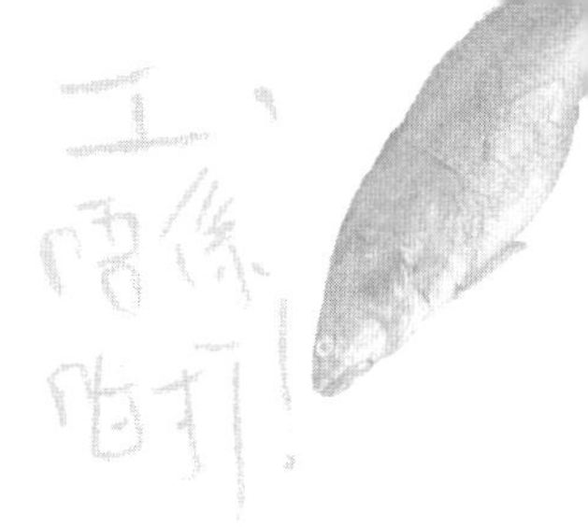

你看外面的處境，確實是上流力消失，但核心動力不是來自外在，是內在——你怎樣規劃個人的事業線。**規劃，是以一個遠鏡來看人生，就是以生命的「長遠」角度去看。**對於每份工作，你要數算當中或甜或苦，學會了、建立了什麼人生觀念和態度。這些都是你走下一步的錦囊，比數算每月所賺的零錢更寶貴。

上班幹嗎？

我認識一個30歲的年輕人，父母是專業人士，所以家境不錯，一家居於二千多呎的大宅。大學畢業後，從未打過工。他對我說，他不想上班，希望一直靠父母照顧。我問他，如果一天父母離世，你會怎樣？他說：「如果他們不在，我會賣掉二千多呎的豪宅，對我來說，地方太大了。之後再買一幢一千呎的，將賺到的錢拿去投資股票錢搵錢，就一世不用打工了。」我聽罷立即目定口呆。心想：「這跟一個廢人有何分別呢？」

很多人都會埋怨工作辛苦，經常說：「不想上班！」「為什麼要上班？」也許，一天不上班，你會感到舒服；一個月？一年？一世不上班，可以嗎？工作，除了賺錢養活自己，真的什麼也得不到嗎？如果生活有基本保障，你真的想一生游手好閒？

大部分人畢業後，自然去找工作賺錢，從來沒想過為什麼要上班，結果工愈做愈失落、愈迷失。

究竟，為什麼要上班？**其實上班工作，簡單來說，就是「學做人」**。

活好自己這個人

一位本地百貨公司的 CEO 説：「打工不過是我的副業，我的正職是做人。」

英語中，當別人問你做什麼工作時，會説：what are you ？工作，不但反映你是誰，也能幫你活好自己。

可以説，發展事業就是發展生命，人透過一生的事業和學習，建立令你「一生受用」、「活得更好」的東西，譬如培育我們的品格和鍛煉生存力。

培育什麼品格？

1. 獨立：一般人會在進入職場後，會變得更穩重和獨立；
2. 責任心：讀書時主要是向自己負責，工作後就要向別人（不同持分者）負責；
3. 自信心：從工作中掌握自己各方面的才能，建立自信心；
4. 抗逆力：職場挑戰多了，不得不增強自己的抵抗能力；
5. 工作態度：真誠、熱誠、敬業精神。

鍛煉什麼生存力？

1. 自學能力：知道要學什麼、以什麼方法去學、如何找到資訊；
2. 解難能力：職場的困難多變，正好訓練人的解難能力；
3. 表達力：言語、非言語、文字、圖像運用及説服力；
4. 人際能力：學去配合、「從他人角度思想」及達致雙贏；
5. 軟技能：如何主持一場會議、工作上創新思考、掌握服務技巧；
6. 形象管理：切合大眾和場合的儀容和形象。

搞好跟他人的關係

工作上最重要的關係，就是你跟老闆的關係。如果問：誰是你的老闆？(who is your boss ？) 你可能立刻給出以下答案：聘請你的人、給你工作指示的人、替你寫 appraisal 的人，或者能加你薪的人……

如果我換轉另一個問題：「你向誰負責？」問題把你帶離受氣和辛苦的處境，轉而思考自己與他人生命之間的微妙關係。

首先，工作是「**向自己負責**」，為自己的理想和目標而苦幹，這樣你會比較甘心，不易被別人打擊。面對艱難或無理的批評時，起碼知道自己做什麼，為何值得撐下去。這是自己跟自己的關係。

此外，工作也是「**向身邊的人負責**」。他們主要是你的家人。奇妙之處是，當你向他們負責，同時他們也向你負責。這是一種彼此支持的關係。當你工作失意時，會想到下班後立即回家，家就成為你棲息之所。一旦失去工作，家人就是你的後盾，使你無後顧之憂。這是自己跟親愛的人的關係。

對於我，會說：「**向上帝負責！**」我是基督徒，相信耶穌是主，掌管我生命的「大老闆」。「大老闆」的意思是一銀兩面的。

我向祂負責。我要發現和警覺自己在工作上的價值觀、是非對錯的判斷，和看通人性的光明與黑暗面。

祂也向我負責。當我遇上困難、挫折、前路不明時，祂會替我「包底」。每當我緊張工作的果效時，或者憂慮上司的評核和別人的目光時，會停一停想一想，神才是我的「大老闆」，便會祈禱上帝：「這工作是你委派給我，請你替我『包底』。」我就安心繼續去做，不用獨自承擔。這是上帝與我的關係。

人一生只靠爭取上司或別人的認同而活，還是甘於依靠所謂

的命運或際遇而活？其實兩者都沒有叫人工作得快樂和安樂。工作仍然侵蝕他們的生命。工作的歷練可以讓你做人踏實。懂得回答：what are you、who is your boss 這兩道問題，才能做好一個人，建立一套健全的人生觀和人際觀。

競爭力，不過時嗎？

EXTRA LEG
EXTRA FAST
1:1
EXTRA LEG
EXTRA FAST
1:1
EXTRA ARM SOPER
1:1

常聽到剛入職場的新鮮人，未上工便嚷着要進修：「惡補一下英文」、「讀多個碩士學位」、「學多項電腦技術」、「考取一紙證書」等，是生活常態吧！為的是，增強競爭力。什麼是競爭力？簡單來説，就是比較、搶和爭。適者生存似乎成生存的唯一法則。

但你知道嗎？今日很多僱主已經追求一種新秩序、新形勢，認為純粹競爭不再持之有效。社會和工作都是由人組成的，人與人互相爭競，只會兩敗俱傷；一間公司，只有你做好，別人沒做好，最終都是「攬住一齊死」的雙輸局面。

對個人而言，競爭不是生存的終極法則，反而導致壓力和雙損。**工作，唯有互相成全，彼此豐富。贏是一起贏，輸也是一起輸。**沒太多人可以做米高佐敦、喬布斯，單天保至尊。

進修——不是隨波逐流，是個人目標

不少青年人都喜歡跑步、行山，這些運動是不能與別人較量，只能量力而為，按着自己的步伐，朝着目標走。同理，工作上的「進步」和「向前」，也應該建基於個人目標和為自己增值，而不是看着別人而奔走。

有一個年輕人自知不是讀書的材料，也認定自己讀書少一定沒出路。他本來打算讀一個商業學位，以為比較容易找工作。可是，他對商業根本一點興趣也沒有。有長輩鼓勵他，既然行行出狀元，何不考慮讀體育，將來或者可以當教練。當他想到修讀體育前，先要考取中英數等主科的基本資格，就開始困惱起來。可是，長輩對他說：「最重要是你知道自己的 core competence，就能不怕艱難去應付、去爭取。」最後，他排除萬難，成功考入體育系，畢業後獲聘為教練，指導學生如何克服心理恐懼。他的經歷說明了堅持和毅力，比跟大隊一窩蜂去讀什麼做什麼更重要。

實力 —— 不在乎起跑線，是追求成長

很多人會將時針停在畢業那一刻的起跑線，看着自己「高不成低不就」的學歷，忽視了自我成長的過程。要知道，「持續發展」比「一味爭勝」更重要。

不用跟別人比較，你要沉着去學習，做好面前的工作，就是學習一起贏的開始。

很多僱主對於「能力」有一種另類想法。他們挑選員工時，不

會優先考慮學歷，反而考量學習能力，包括解難、掌握工作、整合資訊等軟技能，甚至心理質素等都列入考慮之列。

很多人都會在職進修，以為比人多一個學位，多一張沙紙會更有保障。但很多人卻對我説，時間和金錢已經花了，連頭髮都白了，根本得不到實際回報。所以，進修固然重要，但最重要還是明確知道能從這項投資中獲得什麼，不要因為畏懼而去找課程讀。

也有人看見滿街大學生，認為要贏人就要快人一步，畢業就馬上讀碩士；沒有把握時機將所學在工作中磨練。結果幾年後去面試，仍然答不到一些學校學不到的行業技術和人際技巧，又如何説服僱主你能真正投入那一行呢？

進入職場向不同人學習，尤其向有經驗的前輩學習，反而有優勢。我個人認為碩士應該是打工至少三年之後，發現自己在某方面需要進修時才報讀。

有學歷可以助你考入一間公司，但只要獲聘用，就沒有人會記得你曾摘下幾多個 A，你的工作態度及表現才是真章。

合作——不是超越別人，是學懂配合

很多僱主對我說，所謂能力，只佔他們「衡量」僱員一個較小的部分，他們更重視員工的合作能力和工作態度，懂得去「配合」比「超越別人」更重要。所以，你要找出可以跟別人配合的特點，更要學懂願意配合的態度。

一間投資公司的合夥人對我說，他曾經聘用一個英國劍橋大學的畢業生。那個合夥人一眼就看出這個男孩子的確很聰明。可是，他為人帶點傲慢，更糟的是他不願付出，只想一步登天，又不肯聽別人意見。合夥人對我說：「最後我忍心地把他辭退，恐怕他會影響公司的文化。當我再請人時，會更留意一些願意合作和學習的員工，即使他們的學歷未必太高。」

另一位 Big 4 會計公司的僱主説，公司規定每年聘請的畢業生，最少一半並非主修會計。原因是未來經營環境有太多不確定性，擁有不同背景和特質的人，能提供更多不同想法和意見，彼此配合。

如果你問僱主：最想聘用什麼人？答案是：「有用」、「可用」的人。看一個人的學歷，只想從「『學』習經『歷』」中，了解這個人

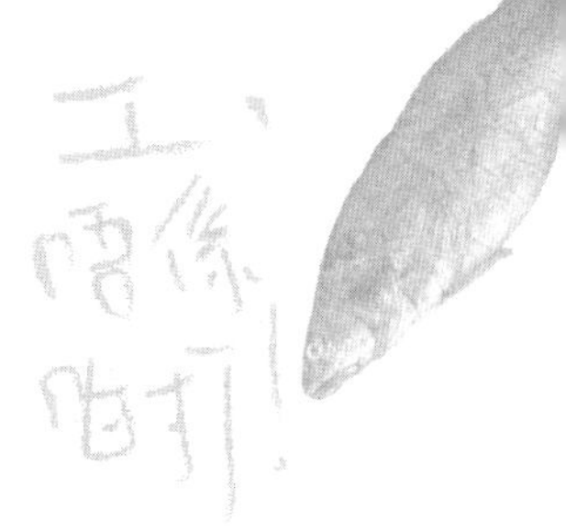

的態度和上進心。在具相同學歷的情況下，你成功的關鍵是什麼？就是不斷成長、訂立目標和學懂配合。

自製筍工？

《福布斯》公佈 2014 年十大筍工，頭三項分別是軟件開發、市場研究分析和僱員培訓。三者圍繞着 IT、金融和人力發展三方面。我相信她看準的，是職業的「錢」途無限。

不過這些工有多「筍」，只有當事人才曉得。精算師也榮登某些筍工榜的第四位！我認識一個年輕的精算師，雖然身邊朋友都説他人工好、前途好，是筍工打造成的「筍盤」，不愁沒有女友！然而有苦自己知。他發現公司的精算師，天天埋首數字堆中，夜放工沒社交無生活，個個成為「毒男」，又怎算「筍盤」呢？於是，他最後也從精算轉移到另一些工作。

你知道自己不是窮得只要錢，還要有滿足感有意義，就如報章提到的那種 —— 跑到世外桃源當野生動物護理員，在袋鼠島上陪伴海豹、海豚和袋鼠同遊；或者到英國天天攀上山頂觀測天氣，提供報告，上班七天放七天假。夠筍吧？有個香港青年參加澳洲筍工選拔進入三強，有機會實習兩星期。怎料，每天遊景點，晚上寫 blog 推介，平日要主動交際應酬，其實過程都很吃力，不能完全自得其樂，漸漸變成一份「工」。

筍工，一份令你投入的工作

或許你仍心儀這些筍工，想立刻去讀精算、學潛水。但學懂這些以前，不妨先想想。如果你無法令自己快樂，做什麼工作都不會快樂。有句英文諺語：“Doing what you like is freedom, liking what you do is joy.” 就是這意思吧！

但你說：「我每天都不願上班，怎能快樂呢？」那麼，你可能選錯工，或者失了動力。如果要等一份筍工從天而降，可能等一世。不如自己「炮製」一份接近完美的筍工，就是「既有合理的物質回報，同時可以令自己全情投入的工作」。

「炮製」過程，就是嘗試自我調節，增加自己「想返工」的推動力。

總有喜歡的事務

年輕人 A 志願是當老師，一心作育英才。可惜老師的工作附加了很多文書、當值和其他行政事務，令她很苦惱。她決定以積極態度面對，盡人事做好這些 dirty works，然後投入時間去備課和找學

生傾談，為工作增添滿足感。

有時未必每份差事都有趣味，但起碼可以從中找出一些令你稍為喜歡的地方，讓自己投入，能對自己説：「這是我的 core business」這就是「你喜歡做的事」。心理學家（Mihaly Csikszentmihalyi）提出 Flow 的理論：人能夠沉醉於一件事，就能滿足快樂。當你愈陶醉去做一件事，就愈容易把它做得好，讓人欣賞你、託付你，認定你能為這事增值，漸漸地，這份工就變成「你可以賺取收入的事」。

尋找學習的獎勵

年輕人 B 是一個會所接待員。初時他感覺工作很簡單，三兩下功夫已經學曉「所有」東西，感覺每天上班浪費時間。後來，他發現原來每個進來會所的人都很不同，他開始推敲如何跟不同的客人打招呼、令每個客人都感到滿意，後來更學習預先設想他們的需要。他覺得這種「遊戲」很好玩，自己也成熟世故不少。

在每天每星期每月，給自己一些「學習」目標。例如，如何令一個不喜歡我的同事幫我一個忙、如何寫這份報告比之前快、如何做好 filing 或電腦 folder、如何善用午飯時間、做好 presentation……當你能好好掌握不同細節，這些漸漸變成「你擅長的事」。

發掘工作的意義

年輕人 C 受訓做巴士車長，很多朋友都取笑他像個大叔，感覺只有大叔才會駕駛巴士。不過，他堅定地說：「我自小熱愛巴士，能夠將一車幾十至一百人，由一地安全載送到另一地，看着每個乘客上車落車，已經很滿足。」

嘗試問自己：這份工與你有什麼關係，有什麼意義？在你現時人生階段發揮什麼作用？對於他人和社會又發揮什麼作用？為工作賦予意義，讓它成為「你樂於承擔的事」。

喜歡與你一起工作的人

工作裏，三分學做事，七分學做人。同事很重要。你在這裏結識什麼人，學習怎樣的人際關係？要喜歡你的同事，找幾個志同道

合的人，一起找出工作的有趣點子，不要做獨家村。工，才會愈做愈快樂。

人花一生去工作，起碼工作 30、40 年；每天花在工作的時間，連同上班下班與同事吃飯，近 12 小時，即半天清醒的光陰。如果工作得不快樂，人生就不會快樂，你註定成為悲劇主角。

何必繼續做「悲情男女」，苦着臉上班，下班就麻醉自己？再不要將工作跟你這個人分割，變成精神分裂。**要令自己工作得更快樂，就嘗試將工作變成百分百的工作，百分百的興趣，百分百關乎你的事。**

筍工，先從你明天還要做的工作開始吧！

有得揀，不如自己做老闆？

有些年輕人會這樣想：「打工打得辛苦，不如做老闆，不用再受別人的氣！」「收入永遠追不上通脹，唯有做生意才可以突圍！」

社會上的行業愈來愈少，上流機會低，或為追尋理想，不少年輕人會「自救」，其中一個途徑就是創業。有人在網上搞買賣生意、有人走水貨、有人公餘為人提供如婚禮攝影、化妝美容、freelance設計等服務，實行自己做老闆。

做老闆既自由，又有機會「發圍」。但是，對於想要搞生意卻毫無經驗、也未曾打工的人來說，創業這件事其實挺吃力。

究竟創業前，需要考慮什麼？**創業除了要勤奮和堅持，邊做邊學，還要懂有進有退，這才能做好你人生這門長遠投資。**

創業並非純粹不想受氣

很多人不想打工，想一過「老闆癮」。但現實是，很多老闆說，做生意一點都不「過癮」，花上的時間和心力遠超過做「打工仔」的時候。你以為老闆就不用受氣嗎？其實老闆要受員工的氣不比打工時少，更要承受風險。

無論打工抑或創業，都要向人負責（例如客戶和股東）。同時，也要向自己負責。為自己的理想和目標而苦幹，這樣你會比較甘心。面對生意難做時，起碼知道自己為何而做，也知道怎樣撐下去。

創業是事業規劃的一部分

不論進修、工作或創業都是事業規劃的一環，所以，當你考慮創業時，除考慮成本、途徑，更要考慮是否符合自己的理想或事業規劃，能否配合你的人生意義和價值觀，才知道創業是否與你的人生規劃相符，這樣就能決定應否要創業了。

我認識有人先在一個行業打工幾年，建立起能力、信心和人脈，然後創業；又有人一邊打工，公餘時開公司做 freelance 攝影師；又有人搞了幾年生意，學懂世故處事，又回頭打工，事業發展更上一層樓。重點是，他們知道自己想做什麼，如何為將來打算。

創業不是賺盡別人的錢

把客戶的錢由他們的口袋轉到你的口袋，這就足以令你開心嗎？創業還有對他人的意義嗎？當你只管從自己的角度看事物，而忽略了你的客戶，一味只想賺人家的錢，這種心態未必最幫到你，而且亦難以捕捉機會。

我認識一名年輕人。他看到學生需要補習，但放學後卻要舟車勞頓去補習社，還要大排長龍等上課，實在太辛苦了。因此，他想到創作一個補習手機 Apps，學生便可省卻交通費及時間去補習，即使開夜車溫習時遇到困難，也可即時找到導師解答。

他下一步希望衝出香港，目的不是純粹「發大財」，而是看準第三世界國家缺乏教育，希望幫助當地兒童。例如印度，當地有互聯網基建，但年輕人口眾多，教育不足，這就是商機，也是意義。

創業不是亂選行業

很多人會將自己的興趣變成事業，例如自家製糕點、服裝、手飾等，放到網上銷售。即使生意不好，自己也可以「過手癮」。可見創業時，要選自己較為熟悉的行業，或者自己喜歡的事情。一來你感覺有把握，二來你容易對喜歡的東西產生熱情，幫你熬過創業的艱辛。你有多認識自己？在這個行業上是否已夠專業？你對行業生態有多了解？還是什麼都沒掌握，就走去創業？錯就錯在你只懂跟風，貿然進入自己一無所知的行業。

創業不只是生意頭腦

生意頭腦固然重要。但是，如何營運一盤生意，如何與人交涉和打交道，還有人脈關係、專業技能和紀律，甚至涉及管理下屬，未經歷過打工的日子，沒見過人家怎管公司怎做老闆，又要怎樣學會？即使你在打工時所磨練到的毅力，也是創業的重要「資本」。

我認識一羣年輕人。他們想搞年宵花市攤檔，遇到最大的問題是「集資」。他們尋找合夥人的過程中，發現最大挑戰不是錢，而是結交人、是溝通，也要厚面皮、要有耐性，如何跟合夥人一起分享成功和分擔失敗……絕不容易。

他們終於明白「集資」和「搞生意」這回事，不僅是經濟活動，本質上也是個人際活動。我聽過很多生意起初做得不錯，中途

突然結束，都是因為合夥人之間出現關係問題。

年輕人創業是個很好的學習場景，學做人，學懂處世。這種經驗放在你的事業生命裏，是寶貴的一課。如此，你人生這門生意，已經「賺」了。

快 30 歲，
還是一事無成？

很多年輕人慨歎說：「快 30 歲了，賺不到錢供樓上車，更可悲是找不到事業方向，我註定一事無成吧！」我明白這種心情，我也是在 30 歲那年，工作走到瓶頸，忽然感覺前路迷茫，不懂何去何從。

成功，有心不怕遲

30 大限將至，一心以為拚搏幾年就可以達成理想，可是最終感到一事無成。你知道嗎？ 30 歲，不過是個迷思。有些人太快限定自己要Ｘ歲完成這個目標，Ｘ歲完成那個目標。年輕人，如果用 65 歲退休年紀為限，30 歲轉行還有 35 年工作，所以 30 歲前一定要找到理想工作未免言之過早了。為何太快用時間去自限呢？

你知道每個年紀，都是一個階梯嗎？

20 歲是「**敢試的年紀**」。敢試的意思就是不怕失敗。20 歲還是年輕，別人對你的包容特別大；你擁有的本錢就是時間，冒險的代價最少。20 歲也是學習的年紀，儘量嘗試，以嘗試當成你的學習機會，累積人生經驗。

30 歲是「**知道自己可以做什麼的年紀**」，只要有「敢試的 20 歲」，就會發現自己的能力所在，漸漸加強個人的信心和把握。

40 歲是「**能夠為人貢獻的年紀**」，不用只做別人交付的事，更可以創造工作、帶動別人。但這階段要靠 20 和 30 的歲月所累積的東西，才令你擁有自己的想法，達成自己的想法。

30 歲要做的事

30 歲是個繼往開來的時間。沒有 20 歲的澀青，不會知道其實自己喜歡什麼、可以做什麼。這時儘可以檢視當前位置，重新估算離目標有多遠。

1. 培養你的專業

「專業」不是專業資格、一張證書，而是做好你現在的工作。

「專業」是在一類工種上，投入熱誠和努力，專注地「用心做」，漸漸鍛煉出你的專業技術和造詣，一天要成為真正的「大師」（master）。Master 的另一個意思是「掌握」。當人愈能掌握自己的工作，便能運籌帷幄，產生一份滿足感。不論你做的是廚師、老師、

律師或牧師，這份滿足感都可以成為你的「專業」！

不要嫌棄自己的工作微不足道。如果你是個咖啡烘焙師，就為調出一杯極品咖啡而歡喜；是個機械維修員，就為修理好一件機器，看見它重新運作而滿足；是個舞台幕後工作人員，聽到台前觀眾的掌聲可感到欣慰；當個銷售示範員，就要讓顧客了解到產品的好處；當個幼稚園老師，就給孩子快樂的校園生活……

簡單來說，「做好自己的角色」就是專業。

2. 建理想，要累積經驗

大部分人都不是一開始就知曉自己的夢想是什麼，什麼最適合自己。事業是一生的累積，這些問題要靠人生的閱歷為你解答。努力完成眼前的工作，我們的經驗就會不斷累積，工作的質和量也自然提升。

羣體力量

如果你已有夢想，就要定下一些大大小小的具體目標，逐一完成每個細小目標，讓你與夢想愈走愈近。問題是，如何訂立目標呢？

坊間常常講SMART目標（specific, measurable, achievable, relevant, time-bound），對於有些人會感覺有點「虛」。80、90後在訂立目標時，可以多跟別人分享自己的夢想，也可以透過網絡力量，善用社交媒體，尋找志同道合的人，一齊jam一jam可以做什麼。

我30歲才轉行，由市場推廣轉去做輔導。當時，我考慮到這決定很重要，也詢問了在不同階段認識的朋友意見，增強信心。

這種模式的好處，能發動羣體的力量，有時遇上年紀相若、但創路經驗豐富的人，自然會迫發動力來；有時集思廣益，羣體的智慧也自然爆發。

要懂變通

如果你正向理想直奔，盲目地和無計劃地追求理想是徒勞無功的。這時候，你要檢討自己的處境和能力，才能修正理想。堅持有時，尋找另類出路有時。努力過後，調節自己的目標，比盲目向着一個目標猛衝，接着做不來，又再次氣餒實際得多。

我認識一個肢體治療師，她以肢體活動（如舞蹈和體操）幫助

人表達情緒和抒發感受。原來她年輕時的夢想是成為職業舞蹈員。雖然她有舞蹈天分，但知道要成為一個出色的舞蹈員還有些距離。所以，她最後決定「放棄」舞蹈，發展肢體治療，既能發揮個人的專長，更可以幫助別人。

成功在於根據自己的個性，找適合自己的事，之後全情投入去做，才能得着一份成功感。不要因今天還未找到最理想的而歎息，現在再次投入尋找你的熱情所在，專注向前。十年二十年後，你才可以在這方面有掌握，有掌握才有「話語權」。成大事不在於力量的大小，而在於能堅持多久。

現在，再次 boot 起自己，重新上路吧！

令人眼前一亮的

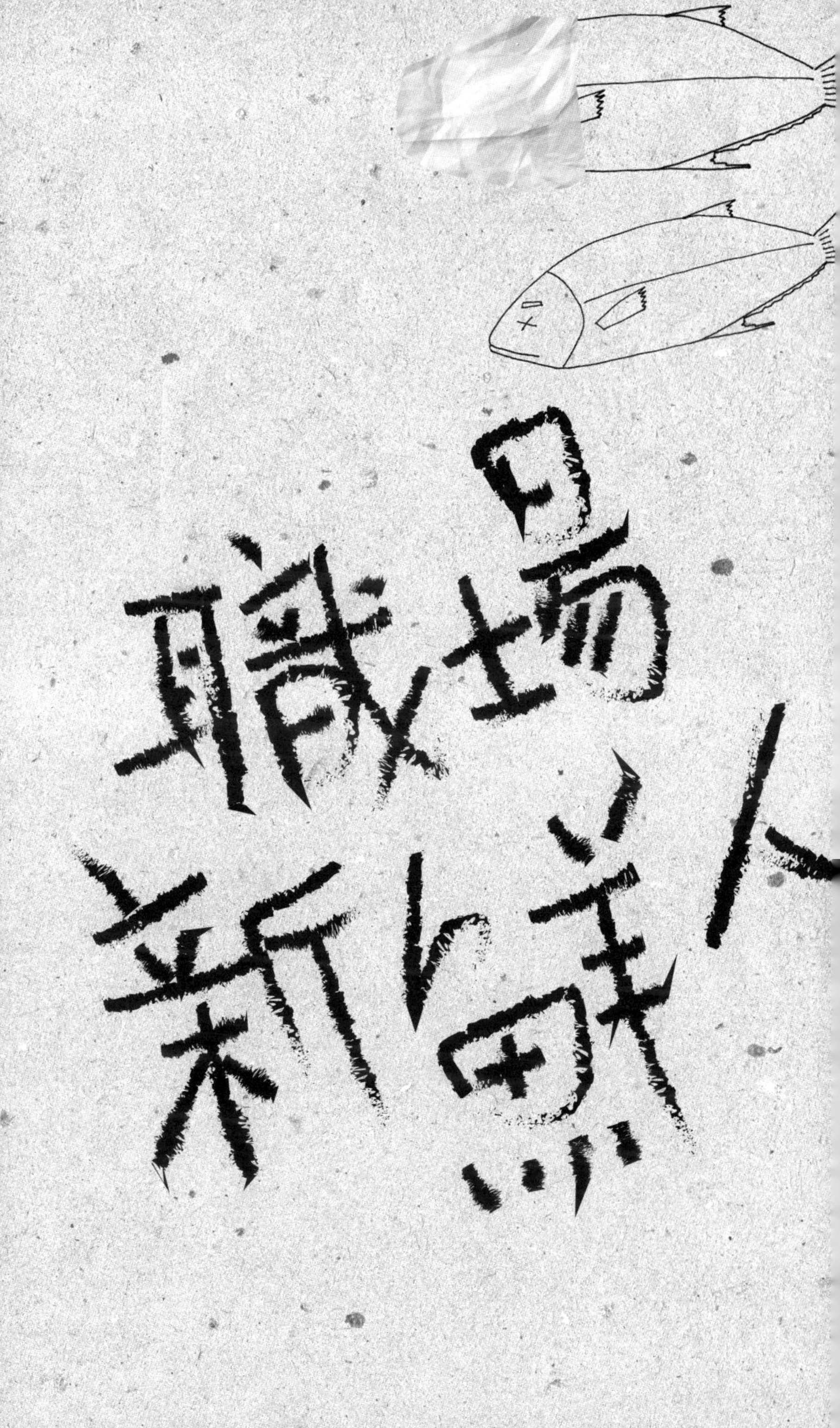
職場
新鮮人

打動人心的 CV

「為何寄了無數封求職信，全部石沉大海？究竟出了什麼問題？是運氣不濟嗎？」這是很多年輕人心裏的疑問。我不相信這是運氣不濟，只是你不懂你的讀者 —— 僱主。

試想想，換成你是僱主，一天下來應付了千萬個文件、會議和電郵，還要看數百封求職信，能花多少時間看？求職網站 The Ladders 的調查發現，只有「6 秒鐘」。6 秒鐘可以看到什麼？名字、現時及之前任職的公司職位、工作年期，和教育程度而已。

我看過大量 CV（履歷表），大部分應徵者只是將自己的「歷史資料」由頭到尾順序羅列出來，千篇一律。讀後只令人感覺他們不夠用心，沒有創意，沒有思考。

CV 的視覺效果

求職時，未見其人，先見其 CV。現時一項職位，動輒吸引數以百計的 CV，怎麼叫人可以「看到我」、「認識我」？

CV，curriculum vitae 是拉丁文，意思是「關於我」。作用是向人展示自己的能力與為人。**要別人看過你的 CV，能夠留下印象，只**

要一件事 —— 視覺效果。

不是要你拍片或貼滿你的玉照，營造「視覺效果」目的有兩個：

- 讓 CV 增添個人色彩，教別人對你留下一個深刻的印象；
- 以主題組織你的個人資料，組成你的 mission statement。

以下是加強「視覺效果」的具體方法：

1. 要使人認識你，你先要認識自己

要向別人表達「你是怎樣」。別人不能從你列出的學校和公司職位等一堆名字中，確實想像你。這種寫法，只會把你塑造成這間學府或機構的一隻棋子、一枚零件。想一想，你在過去每份工作（正式或義工）中，你獲得過什麼、付出過什麼。不用長篇大論，每項一至兩句便可，把成就量化，具體展現「你」（個性與能力）。

2. 編輯手法反映你如何看自己

誰説每篇 CV 都要先寫學歷，後寫工作經驗，每項按時序排列，每項履歷的分佈和分量都要勻稱。

何不來個改頭換面？開首是聯絡資料，方便找你，然後寫幾句介紹自己（針對這份工的聘請要求），下面才鋪陳你的經驗和經歷。還可以來個倒序法，先寫出自個人最優秀的項目，或者給最重要的內容較長篇幅。多少先後的佈局，都是圍繞你的 mission statement 和個性，充分表現你。

3. 客觀 VS 主觀

人通常很主觀，寫自己的事業目標時，有時會：「希望投身財政分析工作，發揮自己的專業，開拓自己在這方面的事業。」Who cares ？應該從他人，就是僱主的角度出發：「藉細心、知識和經驗，讓數字説話，給公司和客戶有準確，更貼近市場的資訊和先機，以致開招商機。」

這樣做，給人印象是：你懂得易地而處；而且，要令人知道你對未來帶着冀盼。

4. 用字突圍

要打動別人，還得靠 CV 上的詞彙。美國人力資源公司 CareerBuilder 調查，歸納出「最打動人」的英文詞彙是：

- Achieved
- Improved
- Trained / Mentored
- Managed
- Created
- Resolved
- Volunteered
- Influenced
- Increased / Decreased
- Ideas

運用這堆字，不是要扮文青或裝高深，而是靠這些字表達自己。懂得遣詞用字，僱主看見，也會對你產生好感，感覺你夠專業又能幹。

5. 用圖突圍

加上圖案。可不是要找「美圖」工具幫忙，除非你應徵模特兒或藝人。但要從一大堆 CV 中突圍而出，絕不能光靠一大堆文字和黑白圖像。不妨加插一些圖案，例如你學校和公司的 logos（彩色的），有些 logos 叫人一看便知道，便有印象；要是你從外國回來，可以

加上該國國旗；在重要的資料塗上顏色、粗體或線框等，顯得醒目。印在非純白色（可有暗花，又不太誇張）的信紙。圖像化的 CV 會令人感到你有創意，加印象分。

6. 勿忘校對

Devils in the details。有時，無論你再多讀幾遍，總會發現串錯字、錯大小階、錯語法、年份日子出錯，或者用字 / 編輯不一致。校對很重要。如果你信不過自己，不妨給兩個朋友過目。一份準確的 CV 表現你是個可靠的人。

7. 寫不寫期望薪金

這個很難回答。我總覺得一間公司一早已決定薪酬如何，商量餘地不多。但你儘管嘗試寫一個範圍（公司感覺適切，你也要感覺適切）。總之，要表現你的誠意，表示你很想獲得這份工作。

要求職信和 CV 幫你叩門，叩門要叩得響。叩得響，就得認識自己的特色，才能突圍而出。

招聘面試

必勝術

找工作時，能夠得到一次面試機會，已經不錯；如果能進入第二輪面試更像中獎一般。可是有人等了又等，等不到回覆，總之死因不明。

經過檢查，我發現死因有兩種：

1. 所謂「求」職，好像有求於人一樣，要儘量遷就人、討好人。但問題在於一旦過分硬銷（hard sell），反而惹人反感；愈想討好，反而容易陷入忙亂狀態。

2. 很多應徵者都只會生硬地「背出」大同小異的對白。當他們開口説頭幾句話，我已經猜到下面的答話。這種人只會令人覺得他們不夠自信。

面試是個 give and take 的過程

當應徵者熱切地推銷自己時，忘記站在僱主立場和位置去思考，最終只會給人感覺你不夠自信心，缺乏熱切了解對方。

如何在一個短短的招聘面試中突圍而出，又恰如其分呢？**令人深刻的會面，往往是「互動」，一個 give and take 的過程，就是：**

- 聆聽與被聆聽，雙方可以交換意見，產生一種「識英雄，重英雄」的感覺；
- 預備將來大家有更美好的合作關係。

要達成這個過程，中間有兩個不容忽視的“I”。

第一個“I”是 Image。你對自己有多認識？如何將自己的氣質、個性和修養，向對方展示呢？你對面試的人認識有多少？你可以搜尋對方的 LinkedIn。

當然僱主也可以「人肉搜尋」你，從 LinkedIn、Facebook、Twitter、Flickr 等觀察你的網上活動，看你是怎樣的人、是否成熟、表達是否恰當，甚至愛上載什麼照片等。所以你要留心自己的動向和表達內容，不要留下壞紀錄、壞印象。

第二個“I”是 Idea。你對這企業有多認識和了解呢？你有什麼意見有助提升企業的成績？不妨向他們表達你的意見。另外，你要準備 take，就是知道別人的大計和如何思考。

面試對答 give and take 示範

問：「你為何申請我們公司？」

答：「因為你們是大公司，有規模，有很多東西學，待遇好……」

你太自以為是了。上班不是上學，別人聘請你不是因為你可以在這兒得什麼，而是看你可以為公司付出什麼、貢獻什麼。

你要說：「我希望在這公司做到什麼什麼，令公司可以在某方面有新的發展……」

問：「談談你的優點。」

答：「我的優點是什麼什麼……」

別人問你的優點，不是真的要認識你，或跟你做朋友，是要了解你可以為公司貢獻什麼。

首先，你要先掌握這分工作的要求。例如：會計最需要是細心，輔導員最需要是聆聽，服務員最需要善解人意，老師最需要表達能力，研究員最需要尋根究底精神等……

閱讀公司網頁、年報、CEO 的話、新聞稿、經濟版、市場行情等，之後，不是假裝自己成為別人喜歡的你，而是問問自己是否真的有相關特質。

問：「談談你的缺點。」

答：「我沒有什麼缺點！」

誰會信？或者回答：「我的缺點是太勤力」找死！你真的要說出自己的缺點，但不能與工作的要求「相沖」。而且，你最好準備改善自己缺點的方案和計劃，希望這份工作成為磨練自己的場地。

面試者：「我不同意你的說法。」

答：「為什麼不同意？我覺得……」

所謂面試，就是要「試」你。很多時候，面試的人會刻意激動你的情緒，試試你的反應和態度。淡定！你要贏一份工作，而不是要贏人。

你可以：「請你講多一點你的意見，我很想聽和參考。」

還有些僱主會問一些「無厘頭」問題，例如「最近看什麼戲、讀什麼書？」總之無關要旨的問題。怎辦？這些問題都是考驗你對自己的認識，及要看通你是個怎樣的人。僱主除了想知道你的能力，更想知道你的為人、性格和氣質。我在前文提過，工作是關乎認識自己，怎樣好好生活。

問：「還有沒有其他問題？」

答：「沒有！」

又死！你已經很清楚這間公司架構嗎？文化呢？發展方向呢？這份工作的細節和重點呢？公司的同事關係和工作氣氛呢？很多東西根本在公司網頁找不到，為何不去問，不去了解？記着，你都有權去選擇公司的，你既是 interview-ee，也是 interview-er。

或者你已面試多次，也犯過上述錯誤。不用感挫敗，你的自信會隨着你努力工作的年日逐步累積的。究竟要花多少時間預備面試？一生！積極改善自己，總比臨急應對更有效。最重要，還是自信（知道自己是誰，能力有多少），而非自大（怕別人不知道你是誰，看扁你）。

不找爸媽陪面試，是常識吧

幾宗在灣仔會議展覽中心的招聘博覽會上發生的真人真事。

一名 21 歲的年輕人找工作，母親站在他旁邊，當面試人員叫他自我介紹時，兒子還未開口，她即時搶答：「他叫 xxx」。

又一名 23 歲、加拿大金融系大學畢業生進行求職輔導時，對工作、前途完全沒有自己主意，問什麼都答：「媽咪話……」

一間飲食集團願意給一個 22 歲年輕人日式拉麪館的職位，但竟惹來母親的不滿：「想輻射整死我個仔？」

父母愛錫子女緊張之情，往往由家庭延伸至子女的職場。我不但聽過有父母會陪同子女去面試，更聽過父母插手子女的工作，變成「跟得家長」。

父母陪同面試，有錯嗎？

一般僱主都要求獨立思考、判斷與解決問題的人。如果連面試也要父母陪同，先不會以為你很有孝心，反而負面解讀為過分依賴。所以，不要讓父母：

- 陪你去面試；
- 向僱主查詢工作細節或下次面試機會；
- 代向僱主約會和更改面試時間；
- 向僱主投訴為何沒有選中自己；
- 致電僱主詢問你的工作表現，或向僱主反映工作量太多。

我們也不要埋怨父母插手干涉，這是因他們替你擔心，或者對你和你的工作不了解。**你要做的事，就是先建立自信心，發揮獨立精神，婉拒父母的幫忙；同時儘量向他們解釋，展示你已足夠成熟和具備溝通能力。**

如果你父母堅持插手，可能反映你平日在他們心中仍然是個小孩子，不夠成熟，怕你「搵唔到食」。你就要設法向他們展示你成熟、負責任的一面。

父母投訴你的工作，怎麼辦？

有時候父母的插手是對你的工作諸多挑剔，說「常常要加班，儘早辭工吧！」「收入少，家用也少！」「你的工作沒出息！」如此狀態，怎辦？

1. 冷靜

你已經辛辛苦苦去上班，回家還要聽到嘮叨抱怨，當然怒不可遏。可是，如果你不能冷靜，誤解就會加深。這時候，你要先盡力忍耐，切忌以怨報怨。即使很想反擊，也要按捺。

了解父母投訴的可能想法，例如怕你不能為將來儲錢、怕你不夠錢維持有質素生活、怕你在別人面前丟臉⋯⋯總體而言，都可能是為你好。當你真的可以冷靜下來，不妨輕聲回應一句：「我知道你為我好！」就可以了。

2. 多用理性字眼，而非情緒字眼

「你懂什麼？」「你不懂就不要說！」「你不要管我！」這些都只不過是感情用事的字眼，無法達到深入一點的對話。當父母不同意你的意見和決定時，先了解他們有什麼不同意和理據，再慢慢和他們分析以致建立互信。

很多時候，父母眼中的你總是小孩子。當你愈情緒化，就證實自己真是個孩子。你愈能分析，表示你已經是成年人。

3. 跟父母分享新知

為父母的一代，教育和就業情況跟你的截然不同。他們可能將找工作看得較容易，或者仍然抱着「只要努力就會成功」這種過度簡化的「舊」思維。

所以，你要向他們説明這個時代的職場競爭和生活方式，已經變得很艱難、很複雜，試舉一些例子，他們才能明白和體諒。

4. 多談自己在工作上的成就

這是一種學會「感恩」的習慣。多在工作上找出你欣賞自己的地方、別人待你好的地方、你感到滿足和愉快的地方。藉着分享，足以改變父母的看法。相反，你常帶愁容又不多分享，父母只會更多猜疑。

5. 考慮接受父母的意見，卻不要太依賴

獨立思考的人就是肯聆聽、肯分析，而不會照單全收的人。

父母總愛以「食鹽多過你食米」的態度給你意見，你不妨聽取，不過之後要思考這個建議到底想説什麼「道理」。

他們說：「如此辛苦就不如辭工」你要想：「萬事總有其他可能性」。

他們說：「上司投訴你，一定是你做得不好！」你要想：「上司投訴的時候，就是要冷靜反省的時候。」

能夠冷靜回應父母，其實是自信的表現；反之，跟他們搞對抗，更顯出你的不成熟，永遠像個小孩子，變相邀請父母插手。

人脈網絡

不敗之謎

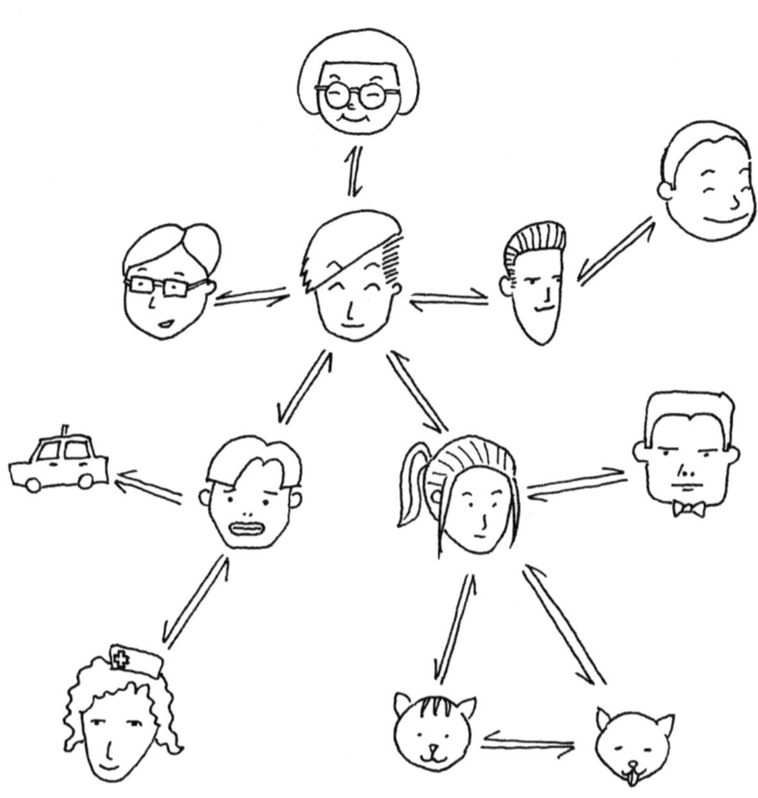

我認識一位年輕人，他寫樂曲，夢想進入樂壇；可是一直不能如願。只得終日怨天尤人，埋怨自己不認識出名的音樂人。朋友一直鼓勵他先加入電台、錄音室做「打雜」，可以廣結業界人士和學習知識，但他堅決拒絕。問題在哪裏？在於他不懂變通，不懂建立人脈，以為靠一點天分便能成事。

工作，人脈很重要。提到人脈。我聽過很多年輕人慨歎自己父母不是大商家、醫生、律師，找工作時沒人事沒「碼頭」，很吃虧！

我說的人脈並不是「靠出身」的。

論努力，年輕一代未必不及上一代。論天分，世上具備天分的人多的是。然而，你要搞好的是社交網絡，不是上網那種，而是現實的人際網絡、學懂做人、人際關係。

網絡時代的人脈關係

雖然你未必認識很多人，但透過網絡可以打通更廣闊的人際網絡。你聽過 LinkedIn 嗎？ LinkedIn 在全球已累積超過三億使用者。LinkedIn 是一張社交履歷表，透過參與專業社團、發表文章，更新狀態，一點一滴地累積出個人的能力紀錄和形象。

不過，很多人未必懂得善用，只開一個空蕩蕩的賬戶，卻沒有花時間為它整裝。不要當它是個戶口，要視它為個人品牌。填寫時，要細心考慮，可參考〈一張打動人心的 CV〉，切記請人給你推薦評語。

即使你暫時不用轉工，也要定時更新。在網路時代，個人品牌是動態進行式，商務型社交網站與傳統獵頭公司不同之處，在於需要你經常更新與互動，才能提升自己在社交履歷上的參與度和能見度。

平日生活的人脈關係

每個人身邊都有一羣人。你平日如何待人接物，都會產生「漣漪效應」。這也是人脈。

被譽為世界上最偉大的推銷員美國人喬吉拉德（Joe Girard），他的汽車銷售紀錄已列入《健力士世界紀錄大全》，至今無人打破。他的成功之道就是在平日生活中建立人脈。

有一次，吉拉德參加一個葬禮，照例向所有人派發名片，大約發出了 250 張。回到家裏，他躺在沙發上閉目養神，忽然靈光一閃，想起自己以前參加過的幾個葬禮，每次發出的名片數量竟然驚人的相似，都是 250 張左右。

由此他得出一個結論：每個葬禮上的人數約 250 人，也就是說，一般情況下，一個人一生中真正有影響的交往人數大約是 250 人，這就是著名的「250 定律」。

他得出這個結論後，檢視自己的推銷心態：如果得罪了一位顧客，那麼他將失去 250 個潛在客戶，反之亦然，如果獲得一名顧客的好評，同時也就獲得了 250 名潛在客戶。從此，他對每一個顧客都不敢稍有輕視怠慢，廣結人緣，汽車愈賣愈多。

既然每個人身邊都有「XX 個人」，與一個人為敵，就等於和 XX 個人為敵；換個角度想，如果有一個人喜歡我，就代表我多了 XX 個夥伴。這提醒我們在職場上要真誠待人。

好工找上門

我出身基層家庭，沒有什麼顯赫的人脈，但卻受益於人脈網絡。

我大學畢業後找工作找了兩個月，曾經到一間中型廣告公司面試，面試已經到了最後階段。當時直覺那位經理對我很有好感，似乎機會很高。可是，最後我都沒有收到通知。一個月後，竟然收到一間全港最大的廣告公司召我去面試。我很驚訝，我早在兩個月前寄出自薦信，為何現在才收到電話呢？結果，我被錄用。原來，原先的廣告公司的面試者對我很有好感，可惜他們最後決定該職位由女性擔任更適合。不過，我的 CV 竟然輾轉傳遞到經理的好友手上，好友給我打了一個決定性的電話，成了我的第一個上司。

後來，我離開廣告界找其他工作，找了兩個月沒有結果。不料，收到一間全球最大的 IT 公司主動找我面試。我根本沒有申請這間公司，也沒有 IT 經驗。原來，面試者從好友手上取得我的資料，這好友就是我在廣告公司的舊老闆。

是世界真細小，還是好人有好報呢？**無論如何，每個人身邊都有一羣你未必認識的人，你的人脈機會可能就潛伏在你的上司和同**

事裏。人脈關係完全建基於你平日的工作態度和表現，及如何待人接物。

請你不要再歎沒有人脈吧！

贏得信任的
職場新人

作為職場新人，你最討厭聽到的是：「你懂什麼？」「不要問，只要跟我指示做！」「新人什麼都要做！」這時候，你會覺得大材小用，不被尊重、不受重視。説到底，是「存在感」的問題。

是新人，不代表什麼都不懂。這時你最想要的，就是不再被投閒置散，安排在不受重視的地方，做打雜跑腿，無法被看見，意見不被聆聽。你想儘快尋找到自己的「位置」。

別想了！「找位置」不是新人的首要工作。

新人首要工作是：取得別人的「信任」。

贏取信任

新人在工作上第一個任務，就是贏得上司和同事的信任。你要學習：

1. 不挑工作

新人其實沒有選工作的資格，也未必有發言權。這是一個很殘酷的現實，不過也是最能贏取別人信任的途徑。你只有在「什麼都嘗試做」的情況下，才能了解「什麼你有能力做，什麼未夠班做」。如果沒有別人的信任，你什麼都不能做。

A 小姐和 B 小姐同期進入一間公司。A 小姐樣子漂亮，聰明過人，很快成為眾人焦點。最初 B 小姐感到被忽視，但她想：「盡力做好自己的工作，別太干涉別人的事。」B 小姐漸漸發覺，同事開始拜託她做事，甚至交託她一些較重要的工作。原來 A 小姐自恃聰明而挑工作，不喜歡的工作就拖延來做，漸漸失去別人的信任。反而 B 小姐得人信賴。

2. 學習觀察

公司只會信任肯學習的人。上班初期，當然要學習。學習的途徑很多，其中最重要的是「觀察」，不但觀察上司或同事如何做好一件事，更要觀察這間公司的文化風格和人際格局，例如這裏的人喜歡 OT 嗎？公司喜歡同事自由發表意見嗎？這間公司追求什麼目標？同事普遍維繫着一種怎樣的關係？你愈清楚公司的文化，愈懂得如何自處，如何定位。

3. 跟隨上司

要上司信任你，你要懂得「跟」。所謂「跟」，不是單單盲目地附庸，而是認識他。這是一種向上管理（manage up）的方法。一是認識他的工作要求：他如何定義成功和工作完滿？通常的優先次序是哪類工作？另外有關他的工作風格：他着重細節還是大概？他是 multi-tasking 還是專注？你可能要適應一下。更高一層次是「填補」，如果他粗心大意，你就可以替他補位。

年輕人 A 初入建築界，一心以為自己在學院的學識可以改善工作，因此不斷向上司提出意見，可是上司總是不太理會。他想，唯有自己做，他最終會見到我的成績。怎料，他在一個項目上出了大錯，被上司重重地指責，為什麼沒有跟指示，自把自為，又沒有向他匯報。原來在建築界有很多「潛規則」是 A 未認識的。

4. 願意合作

合作式的工作最大困難是別人不願合作，或者將事情推給你。這時候，你除了要考慮公平原則，和你的時間編排和能力，更重要是表現「合作態度」。合作態度是先聆聽和了解，嘗試從別人角度想想他的困難，之後才回應，看看有沒有別的方法。即使你未必一定立即幫到他，也要讓他感到你願意幫忙。

兩個年輕人同期入職。一次會議中，新人C因為資深同事跟自己意見不合而爭論起來，令在場的人都很尷尬。結果，未做滿一年就被勸退。新人D看在眼裏，學在心上，下次遇上相同情況，嘗試避免正面衝突；反而儘量配合，或者私底下詢問，顧全各人面子，表現大體，讓同事放心。

5. 延長試用期

很多新人「中途陣亡」的主要原因是持久力不足。大部分工作的試用期是三個月，很多人以為三個月後就「一天光晒」，可以為所欲為。記住！三個月只足夠你稍微認知手頭的主要工作，千萬不要太自滿或太自卑。

要提自己，適應一份工作，包括了解文化、建立同事關係，甚至找出自己可以貢獻的地方，起碼要一年時間！這一年才是「真正的」試用期或試工期。

事實上，如果你真的要為自己「找位置」，要在公司起碼做上三年。第一年是適應期，學習基本知識；第二年是建立信任，讓別人放心交託；第三年才是你開始找「什麼工作你能做，做得好」的時

候。做新人，只要肯忍耐地、踏實地去「坐暖」張椅，漸漸在不知不覺間就會「坐穩」那張椅。

提升 Presentation 的感染力

職場新人難得有機會在同事面前 present，當然想人看到自己的最佳表現。於是他花了很長時間預備這次 presentation。怎料在 present 那刻，突然緊張起來，手心冒汗，只好硬着頭皮看着 PowerPoint 逐點讀；可是在場的人，不是看着手機，就是打呵欠，令他非常氣餒，只想快點逃離會議室。

個性化和互動式的 presentation

新人自然想提升 presentation 的說服力，加深同事和上司對你的印象。所以，**要有效地增強 presentation 的感染力，不用標奇立異，只要增強你的個人風格。**

預備階段

1. 投入感

如果對 present 的材料和東西不感興趣，就不會投入，只能當一部「人肉播音機」。預備時，要發掘當中令你感興趣、感興奮的點子，以它成為你的「主菜」，或者作為「配菜」。問自己：「為什麼對你如此重要」、「為什麼要向人分享」，這樣就容易令你投入其中。這樣，present 時自然能加入幾分「肉緊」，容易克服緊張。

2. 倒序法

很多人演說時，縱有論點，但說着說着，怕別人不明白，就大講三個原則七個理念九個方向，不知發揮到哪裏去，最後因時間不足，唯有馬虎地做個總結完事。預備時，請你先將重點（即結論）放到最後，以「倒序法」組織你的講詞，例如，先想通結論，然後陳說理據，再描述現象，最後組織引言。

3. 加強風格

學習怎樣在人前表現，試想像 / 代入自己是某個喜歡的節目主持人，看他們的主持和訪問節目，模擬自己的態度和答案，再對照他們的答法和態度，作為練習。當然，在一個認真的 presentation，你不能扮演搞笑藝人。

報告時

1. 一對一對話

向着一班人 present，要知道不過是在同一時間分別與「每一個人」交流，所以想像 present 是個「一對一」對話。跟人有問有答，預先估計別人聽了你的説話後，會有什麼反應；要是你能力所及，可即場觀察反應，再作出回應。另外，要跟每個人（或某些人）有眼神接觸，停留一兩秒，這才像對話。

2. 用情打動

數據、道理、報告是沉悶的，人對一件事有興趣或感受深，要通過情感。如何增加情感？就是你對這件事的感受、當中一些人的感受，或一個例子或故事。很難找例子？不妨多留意生活上的點滴細節，例如同事間的對話、客戶回應、在交通工具上所見、食店顧客的動態等，平時記在筆記簿。

3. 當你緊張時

人一旦緊張，就會愈講愈快。請提醒自己要慢，在重點地方，要更慢。當你完成每一小段，停一停，問大家有何回應。一於用

「速度」營造淡定。另外，留意要「笑」，笑很重要，可以增添親和力和感染力。

發揮 PowerPoint 的威力

1. Visual aid

PowerPoint 其實是一種 visual aid，不是文字檔案，所以要儘量發揮圖像力量，減少文字：每頁少於五點，每點少於八個英文詞彙。儘量用圖案取代文字，例如用公司 logo 代表公司名，用國旗代表國家。又如，講一個有關賣蘋果的故事，就只放一張蘋果的圖片（或乾脆拿個真蘋果出來）；講公司未來的方針，就放一張路標的圖片，寫上重點，如「3% profit」；講員工合作，放一張握手的照片。當然播放影片也是方法。記住，圖片不是「裝飾品」，是「內容」。

2. 勿當聽眾是蠢材

有些人總會當聽眾是幼稚園學生，將 PowerPoint 動畫化。例如逐點逐點搞什麼飛跳音效彈射效果，這樣對成熟的聽眾是很干擾的。PowerPoint 是用來幫助你將複雜的東西簡單化；所以只要一次過展示所有論點，由聽眾自己閱讀。你的任務不是重複再「讀」，

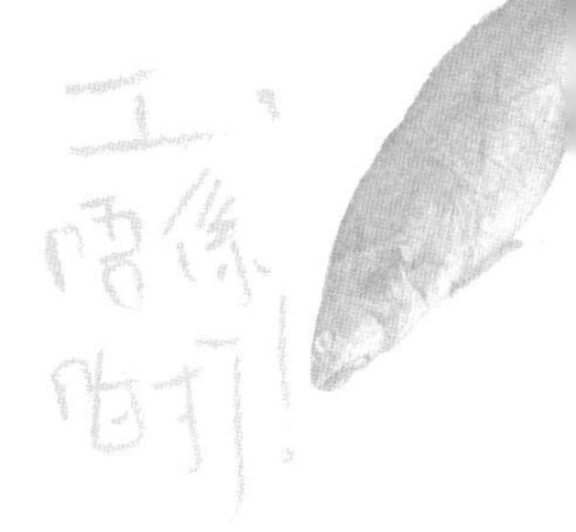

而是用你的話把內容「串連」，帶出「意義」。將這意義或總結，如「increase profit by 3%」、「win middle class women」作為該頁的標題，不要再在標題寫什麼「objectives」、「audiences」等「3 歲小朋友都知道」的東西。

3. 不要怕 click 一下

沉默，也是演説的一部分。很多人怕聽眾久等，或因心急，為一 click 而忙亂起來。要善用這一秒時間，慢慢來，不用心急。一來聽眾需要休息和消化時間，二來你可以給聽眾一個問題和總結，讓他們回味沉澱一下，然後才從容不迫地按下一個鍵，展示出你的淡定和自信。

記得每次 present 完結後，不妨問問聽眾意見，給自己學習和改善機會。

在資訊爆炸的時代，你可以在網絡找足夠豐富的資料做 presentation，但優秀的 presentation，不能停留在資料，而是一種加強「人與人聯繫」及「印象」的機會。所以，你的個人風格和情感流動才是最重要的。要發展個人風格，就得平日的鍛煉和觀察。敢試敢講，不妨從平日跟同事單對單匯報時開始。

增強創意的簡易法

剛畢業的女生加入了 social media marketing 公司。上班不到一個月，上司就交託她設計一個網上遊戲活動，宣傳運動服品牌。她收到指示後，立即苦惱起來，抓破頭皮也想不出什麼點子。最後，她勉強完成一份建議書交給上司。個多小時後，上司召她入房，竟然把建議書打回頭，説：「一點創意都沒有，再做過！」她當時真想哭出來，心裏想：「我根本不是個有創意的人。」

很多工作都需要創意：設計藝術、市場推廣和行銷、傳媒演藝、文字出版、科技和網絡遊戲、活動籌劃、飲食業、服裝美容⋯⋯幾乎是各行各業。即使你不是從事這類行業，若職務需要寫一封宣傳單張，做一張 PowerPoint，給學生講故事⋯⋯都離不開創意。

創意思維就是製造 ideas

可能你慨歎自己天生不是藝術家，沒有洋溢的創意。不錯，不是每個人都能天馬行空，因為每個人的個性不同，創意思維發展都有不同。

性格測驗 Myers-Briggs Type Indicator（簡稱 MBTI）主要探討人在四方面的行為和思想走向。其中一方面是有關「認識外在世界的方法」，說明人如何發揮創意。這方面主要分為兩大類：「實感型」和「直覺型」。

實感型	**直覺型**
• 慣於先使用五觀感覺來感受世界。	• 使用第六感。
• 着眼於當前事物。	• 着眼未來，着重可能性及預感，從潛意識及事物間的關聯來理解世界。
• 需要靠足夠資料和證據做決定。	• 喜歡看大圖畫和宏觀面貌，及事物間的關係。
• 傾向線性的思考。	• 傾向跳躍式的思考。
• 思考比較踏實。	• 思考比較富想像力。

（其他三方面，可參考〈向死線反擊〉、〈內向者的辦公室生存法〉、〈化解辦公室衝突〉）

表面上，你會發覺「直覺型」的人天馬行空，富創意；「實感型」的人比較實際。其實，這種分別不過在說明人怎樣「獲取」和「處理」外來資訊從而製造 ideas，兩種人都可以用自己的方式發揮不同方向的創意。

如果你是欠創意的「實感型」，怎樣發展創意？

請不要自卑自歎，創意可以孕育出來的。

1. 重拾紙和筆

研究顯示，在電腦閱讀和書寫，比利用紙筆更費勁。而且，當人利用紙筆一筆一劃書寫和塗鴉時，會同時動用身體很多不同功能，例如視覺、觸覺和活動機能，並接收更大更多的文字和圖像刺激，幫助創意思考。

另外，你發覺嗎？突然而來的創意，往往是出其不意的時段出現的，例如洗澡時、剛睡醒時，或者百無聊賴時。因為，那些時候，你比較輕鬆，比較容易放下理性框框，或者放下一般解決疑難的方法。創意和埋藏的記憶，就可以跳出來。這時，你最需要就是一本隨身的筆記簿（或手機 note pad）。

2. 尋找刺激

很多人以為創意是無中生有。其實，很多創意大師都只是「騎在巨人的肩膀上」。不要以為自己可以去思考，不如多翻看別人的作品，不妨多閱讀、多看電影、多到圖書館、博物館走走，你會接收到新刺激。

3. 對事物產生好奇

好奇就是愛發問，常常問：這件事是如何發生的？這個人為何如此反應？這東西跟那東西有什麼關係？如果事情發展朝相反方向，結果會如何？這些問題有助你從多角度思考，以尋根究底的精神，將不同事物連繫起來，發掘新意。

4. 用另類眼光

問一些跟自己很不同的人，或你認為他很有創意的人的意見，因為他們總能給你看事情的新角度。或嘗試想像自己變成另一個人，例如你的客戶、小孩子、老人家、盲人，又或者是一隻雀、一隻茶杯……以另一雙眼睛去看事物。

5. 環境因素

研究顯示，人在背景聲音下，比較容易做創作。背景聲音可以是大自然的聲音，可以是輕音樂，有些人甚至喜歡到咖啡室，聽着周邊的人細語。

又有研究顯示，一個整潔的工作間，有助人集中注意力和專心處理難題。但一個混亂的工作間，卻可以刺激人產生新意念，同時，給人一種不落俗套，不守常規的感覺，有助創意。

6. 生活因素

有兩個相反的活動，但同時可以增進創意。跑步或其他運動，可以刺激腦部釋放思考的物質。而小睡的時候，可以讓自己進入半睡半醒狀態（hypnopompic state），也是腦部最佳的「遊盪」時間。

不妨向創意大師學習，喬布斯（Steve Jobs）有一席話：stay hungry, stay foolish。我的演繹是：「**充滿好奇心，不斷吸收；不甘現況，不斷改進。**」這不僅是創意的精神，也是工作的態度。

內向者的
辦公室生存法

A 和 B 兩個男生同期加入某公司同一部門。A 為人主動，談笑風生，很快已經認識不少部門內外的同事，更在公司的周年晚宴上擔任大會司儀。

B 大惑不解，為何 A 可以在短時間內結交這麼多人，與他們有說不完的話題，大受歡迎？而自己卻只跟坐在旁邊的同事「一句起兩句止」，對公司資訊後知後覺，於是漸漸開始懷疑自己的工作能力和適應力是否比不上 A ？

職場與學校是兩個世界。初入職場的你如果是個內向的人，處身一個「外向主導」的辦公室，會更凸顯你內向一面，譬如少搭訕，少「埋堆」。因此，你頓時變得好像缺乏「存在感」，亦因缺乏存在感，就開始擔心競爭力不足，早晚被裁、被邊緣化……

內向不比外向差

要增強自己的存在感，先要為自己定位，要定位就先要認識自己。

性格測驗 Myers-Briggs Type Indicator（簡稱 MBTI）主要探討人在四方面的行為和思想走向。其中一方面是有關「心理能量的走向」，分為外向和內向。

一般人會有錯覺，外向、內向關乎能力高低。外向的人具社交和表達能力，內向者就凡事比別人慢。

錯了！不要以為，外向比內向更有優勢，其實彼此各有所長。外向內向分別在於吸收「能量」的不同方向而已，不同人藉不同方式獲取能量，同樣能達成工作和目標。「內向型」，專注於自己的思想、想法及印象，傾向將能量向內流；而「外向型」，偏向專注於外在的人和事，傾向將能量往外釋放。

（其他三方面，可參考〈增強創意的簡易法〉、〈向死線反擊〉、〈化解辦公室衝突〉）

對內向者的誤解	**內向者的內裏真相**
1. 對事情反應慢	1. 只想徹底想清楚才回應
2. 不喜歡進入人羣	2. 人少少，才會表現起勁
3. 不熱衷表達意見	3. 不想說些對事情沒幫助的空話
4. 好像經常心不在焉	4. 正在不斷觀察和聆聽
5. 只做靜態的事	5. 有時想給自己思想空間
6. 對外界無動於衷	6. 內心有很多想法
7. 太低調	7. 不想出風頭

讀完這個比對，會發現內向者的外在表現容易引起別人誤會，加上內向人大多不愛為自己辯解，也可能對這些盲點不自知。這說明為何他們在一個比較「外向主導」的職場，那麼容易被人誤解。

如果你是個欠自信的「內向型」，怎辦？

內向者因為相對寡言，但處身要求外向的職場，唯有迫自己練口才，扮主動，表現「外向」，結果令自己很辛苦。與其迫自己做另一個人，何不發揮自己的優勢？

- 認定外向和內向是兩種人，要彼此配搭合作，才產生最大效益。
- 不要太快質疑自己，以為自己很「輸蝕」，從左面列表中，你會發現自己的特質，例如沉着、細心、深思熟慮、說話實牙實齒。
- 在交談或會議時，不妨先向別人說明，你想花多點時間想清楚。
- 可以逐步提出想法，引發討論，不用等「想通」才說。
- Presentation 時，可先寫好講稿，熟讀，不要臨場「爆肚」。
- 不妨開放自己，多結交幾個外向的人，但不用視每個人都是知交，可以交得過。

可能你會説，總是不懂如何與人打開話題，以下是一些提議——

1. 不怕無聊

你實在想得太多，未説話前，已經猜想別人的反應，甚至以為別人會覺得你的話很無聊。這是你的最大障礙。説話無分「有聊」與無聊，人際間的相處在乎態度和誠意。當別人感受到你的誠意，他們會樂意接近你。

2. 關心問候

「你好嗎？」「忙不忙？」「食 lunch 未？」永遠是最好的見面語。但你要預備這問題之後接着的三道問題，例如：忙什麼？最近特別忙嗎？哪裏有好吃的食店？否則你會在那裏「交通擠塞」。所謂問候，是要令人感覺你「關心」他，而不是亂找話題。

3. 預備回應

當你懂得問問題，也要預備答問題。最好的方法是，你要為自己的問題預備答案。例如：當你問別人忙嗎？你也要主動分享自己的工作狀況，最近忙什麼，甚至與對方有關嗎？

4. 預備話題

你習慣凡事要想清想楚，才說出來。那麼你不妨預先有所準備。你可以運用過去留意到同事和公司一些人和事作內容，或者最近的天氣、流行事物和新聞也可打開話匣子。

5. 完結對話

有時候，即使你不怕開展話題，也會擔心不知如何完結。有一個既簡單又易學的方法，就是微笑。當你感覺已經差不多時，可以主動向對方微笑。對方便會感覺你示意想停下來。這時，不妨說聲：「下次再傾。」

「存在感」不是別人給你的，來自你對自己的一份自信。自信，來自自知。**世上不能沒有內向的人，否則外向的人少了你這個夥伴！自信地顯出你的能力吧！**

職業測試工具有用嗎？

很多人喜歡「玩」網上心理測驗，希望找出適合自己的職業類型，以玩票形式去試當然無妨。但網上測試恆河沙數，林林總總，應該如何選取？我個人不鼓勵「迷信」大眾心理測驗，因為測驗結果容易受填寫時的心態或態度影響，以致有偏差。一旦看見偏差的結果時，更容易感覺迷茫，或者盲目追隨。不過，將心理測驗作為一種自我認識的參考，都會自我感覺良好一點吧！

MBTI

本書有四篇文章提及一項名為 Myers-Briggs Type Indicator（簡稱 MBTI）的性格測驗，綜合書中四篇的介紹，你大概可以找出自己屬於哪四種型格。

外向型（Extrovert, E） vs 內向型（Introvert, I） 〈內向者的辦公室生存法〉（頁 106）

實感型（Sensing, S） vs 直覺型（iNtuitive, N） 〈增強創意的簡易法〉（頁 100）

思考型（Thinking, T） vs 情感型（Feeling, F） 〈化解辦公室衝突〉（頁 204）

判斷型（Judging, J） vs 理解型（Perceiving, P） 〈向死線反擊〉（頁 130）

集合四種型格，就可以併出 16 種性格特質。我嘗試綜合出四大近似的類型在一起，方便你在當中選取和參考：

分析邏輯型

- INTJ： 愛思考，理性邏輯和策略性很強；職業方向：科研、策劃。
- INTP： 內向，不易表達情感，有創意，愛追求知識；職業方向：電腦程序編寫、系統分析、思想家。
- ENTJ：務實、理性，做事喜歡早安排、工作有計劃，目標性都很強；職業方向：主管、領導。
- ENTP：傾向於理性的思考，隨機應變，愛研究學問；職業方向：創意策劃。

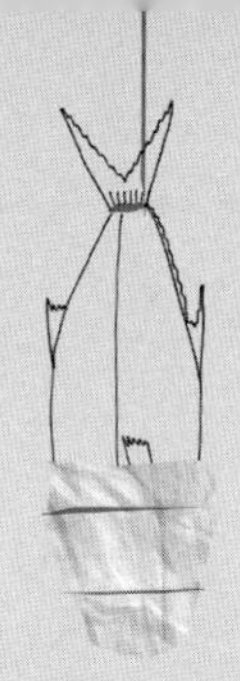

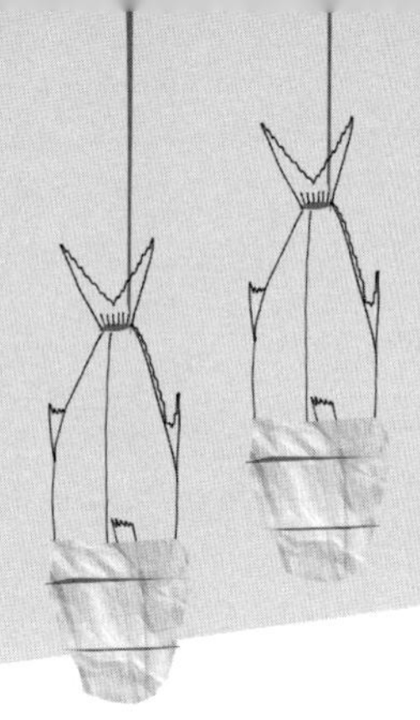

社交推展型

- INFJ： 文靜，對人敏感，理想主義，有強烈價值觀和使命感；職業方向：助人、教育。
- INFP： 重視內在和諧，不表露強烈感情，喜歡陶醉在自我的世界；職業方向：心理、藝術、文學。
- ENFJ：樂於交往，溝通，務實，目標性強，有感染力；職業方向：銷售。
- ENFP：好交往，熱情，喜歡接觸各種人和事，有很多新觀念等；職業方向：公關。

關懷保護型

- ISTJ： 不喜歡外界溝通交流，但做事有條理和邏輯性很強，一絲不苟，對細節高要求；職業方向：會計、紀律部隊。
- ISFJ： 文靜，但愛保護和關懷別人，做事有條理和架構；職業方向：社工、助人、教育。
- ESTJ：行政主導，統籌能力很強；職業方向：行政、紀律部隊。
- ESFJ：愛社交，關懷，熱心助人；職業方向：助人、輔導、醫護。

發現開創者

- ISTP： 內向，實務，善於操作；職業方向：工程、機械。
- ISFP： 內向，情感豐富，細心、細膩；職業方向：藝術家、文字工作、藝術。
- ESTP：充滿精力，思考和行動快，愛冒險；職業方向：推廣、機動和靈活性工作。
- ESFP：非常注重感官體驗，充滿活力，天性愛玩；職業方向：娛樂、表演。

相關練習請掃描以下 QR code：

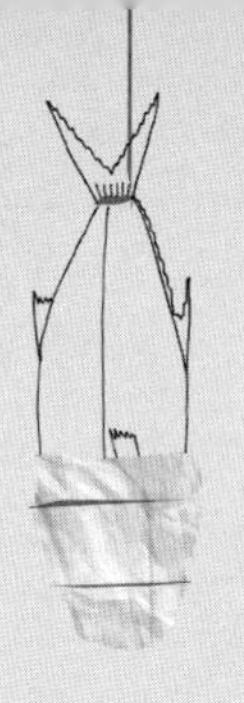
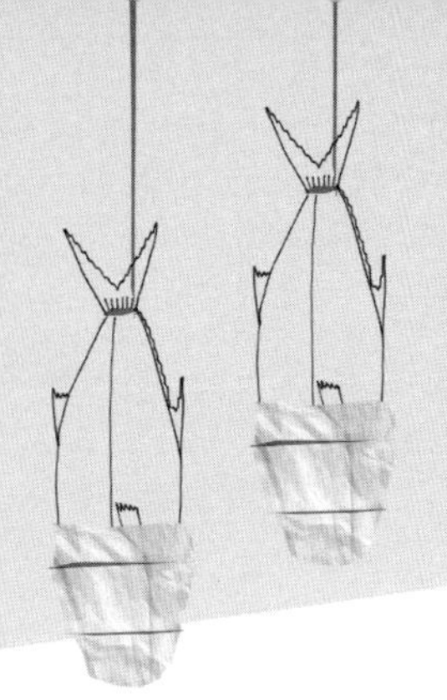

DISC

另一種比較普遍的心理測驗叫 DISC，用於評估行為方式、人際關係、工作態度、團隊合作、領導等風格，將人分為四大類型：支配性（Dominance, D）、影響性（Influence, I）、穩定性（Steadiness, S）、服從性（Compliance, C）。相關練習請掃描以下 QR code：

再説，不要受心理測驗的結果，把自己框死在一種個性內。人是複雜的，自我認識要靠平日（工作和公餘時）對自己的觀察，及別人對你的評語，綜合和反省出來的。測驗，不過是其中一種參考而已，並非百分百準確，最重要是了解自己是個怎樣的人，增強自信走自己的路。

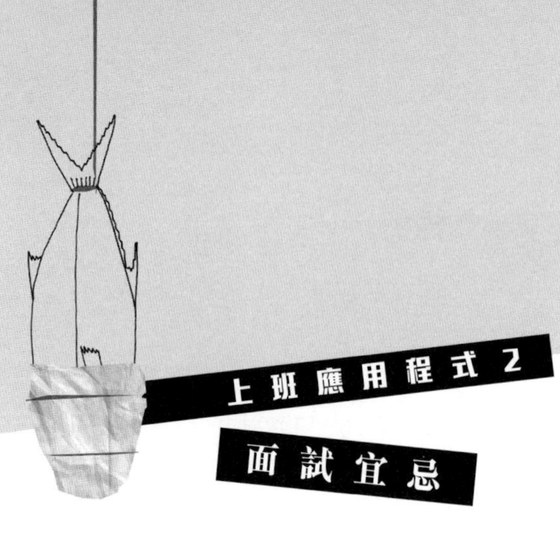

上班應用程式 2

面試宜忌

- 很多面試需要筆試，平日要培養你的語文書寫能力。
- 筆試內容廣泛，平日多看報章雜誌，擴闊視野知識。
- 早到，定定神，先去廁所。
- 填寫申請表時，字體要端正。
- 關上手提電話。
- 有信心地握手。
- 真誠的點頭微笑。
- 緊記對任何人都說聲「你好」。

上班應用程式 3

人靠衣裝

傳統智慧：先敬羅衣後敬人，當你以為已經穿上名牌子服裝，看了鏡千百次，怎料仍然掛一漏萬，在同事和上司面前出了洋相。

男生注意

1. 鼻毛。這是最神不知鬼不覺的。它每次都偷偷地跑了出來，令面向你的人不得不注視那條跳了出來的小東西。你知否？世上有個偉大發明，叫鼻毛剪，在一般生活用品店有售。

2. 吊腳褲。潮流興「吊腳」，但不是你那種。你的吊腳是因為褲長不足，令整雙皮鞋露了出來，襪子也露出了丁點。記着，買長褲要買蓋過皮鞋至少四分一的。還有，皮鞋不能配白襪。「小學雞」麼？

3. 頸項上的汗毛。你已經好好剃了唇上唇下，甚至鬢和鬢根。以為辦妥了，怎料，發覺你的頸項仍有些被忽略的毛髮。

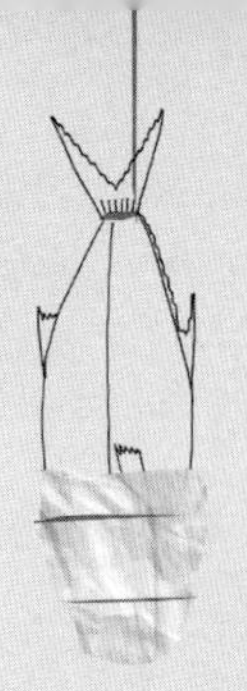
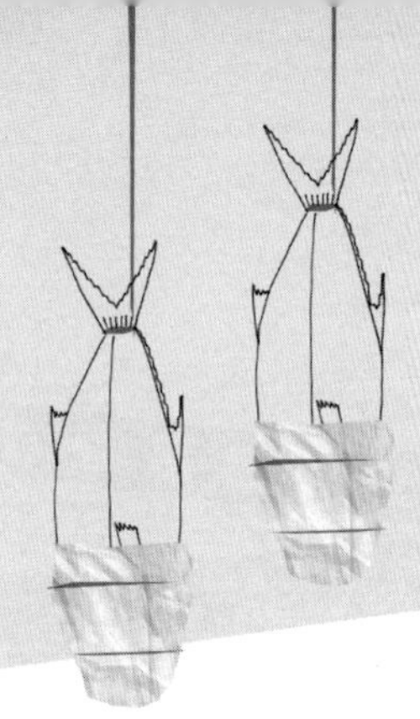

4. 眼鏡污迹。你雖然不覺視力模糊，但原來別人會看到你眼鏡上無數的指紋和水印。

5. 大汗。你有自知之名，大汗的你，請用止汗產品吧！

6. 頭皮。這真是最頭痛的問題之一。可能你已經嘗試過所有洗髮水。那麼，你唯有勤力一點掃走髮屑。

7. 口氣。這你最容易忽略的問題，特別是你喜歡喝咖啡的話。測試自己有沒有口氣：用舌頭舔舔手背，將手背放近鼻子嗅嗅便知。有問題，用香口珠。

女生注意

大部分女生都很注重儀表，但對男生而言，總有忽略的地方。

1. 香水太「香」。你不會留意，大部分男生受不了太濃烈的香水味。對於太濃的香水，男生會叫臭。

2. 衣領太闊或衣服透視。這令你不應該露的東西露了出來，真叫面對你的男生不知如何是好。看着你不斷在抽衣領，又覺得你費勁。

3. A 貨手袋。不要以為只有天知你知，其實很多人都知道你正在用一個 A 貨手袋。

各位阿哥阿姐，即使你缺乏時裝觸覺，仍然可以誠懇待人，帶着笑容和自信，並且留意自己的眼神、手的位置、坐姿，及切勿搖腿。

好的儀容，或許增強你少少自信，但可以肯定的是給自己、給別人一份尊重。當你不尊重自己的儀容，我行我素，只會讓人認定你是個自我又不可一世的人。

快樂
上班
有可能

我的時間？

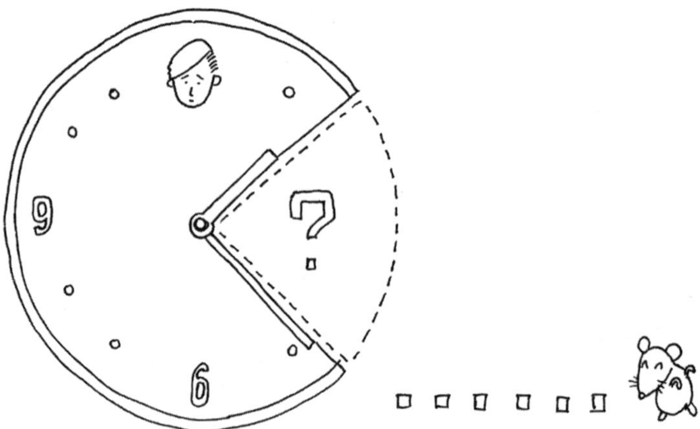

很多職場新人對我說：「上班時，工作不一會，忽然發覺已經下午 3 時，然而當天『彷彿』什麼都沒做過。不一會，又忽然發現已經晚上 7 時，今天本來想做的事還未開始！無辦法，只好加班。」

誰偷走了我的時間？明明已經埋頭苦幹，但不知道是時間過得太快，還是自己效率太慢？

讀書的日子，你慣了「hea 下 hea 下又一 day」，時間於你彷似是無窮無盡的。但當你進入職場，真的要重新學起「運用時間」，不但提升效率，也把你整個人提升到一個新層次。

做時間的主人

雖然這世界有歲月神偷，但你還是可以做好準備的。每個人都可以成為時間的主人。主人不會追着時間跑，反而要掌握時間，學懂計劃，才能為時間增值。

1. 記錄時間

不能掌握自己的時間，問題在於沒有探究自己如何運用時間。不妨用星期一至三作例子，記錄自己的時間運用，看看自己的時間主要花在哪裏或哪類工作上，並反思，這是你的初衷嗎？

每天工作開始時，爭取黃金 15-30 分鐘，計劃一下當天的工作日程；每日給自己「一」個一定要完成的任務，成為每日焦點目標。

2. 學懂優次

常常跟自己説：「我只有『兩小時』！我要先完成什麼？」你才會「迫使」自己以優次去計劃時間，學習選擇一些較重要的事情去做，不要花時間在次要或可稍待的事上。只專注重要的 20%，這就是 80 / 20 定律。

要學懂 say NO。你花了很多時間開無謂的會議、接無謂的電話（包括不明來電顯示，或不在你電話簿上的）、回覆「所有」電郵。其實它們都並非這刻最重要的事務。

3. 留白

在時間表上有至少五分一時間為自己留白，休息也好，閱讀也好，祈禱也好。這是時間表上的首位，可以讓你想清楚下一步做什麼，給自己一份掌控感。

4. 時間太多

如果工作量不多，又可以如何增值？可以把只要兩小時就能完成的工作，放慢節奏來做，或用餘下的時間上網吸收與工作有關的

實用資訊。如果你的工作往往未能填滿一天的上班時間，常常感覺閒置，很多能力都會漸漸退化。

以上都是運用時間的小提示。但如果你發現問題不在技巧，而是你個人性格，你可能患上「拖延症」。

醫治拖延症

學名：

【procrastination】，出自拉丁文 crastinus，意思是明天。拖延就是將要做的工作留到「明天」。

病因：

- 懶：根本不喜歡工作，或者慣性地做事沒有計劃、不專注，易受干擾；
- 信心不足：用拖延暫時逃避不願做或者困難的事，以其他無關痛癢的事舒緩壓力；
- 追求完美：害怕失敗，不肯踏出第一步，或者改完又改；
- 高估自己：高估自己的能力和專注度，同時高估自己可用的時間資源；

- 外來誘惑：特別是「網絡」製造的誘惑，分散你對工作的專注；
- 回報少：感覺回報少，不服氣而故意拖延；
- 情緒問題：抑鬱患者工作沒動力，或腦海老擔憂着很多事。

對症下藥：

1. 切斷干擾

加強專注力，如果罪魁是網絡，就關上；如果是同事，就找個安靜地方工作躲開。

2. 分解任務

遇上困難的任務，選擇最容易或最感興趣的部分開始，勇敢踏出第一步，游説自己先嘗試 30 分鐘再算，千里之行始於足下。

3. 重塑動機

為自己定下完成工作的獎賞，或拖延的懲罰；或者對自己説：「這件事會如何影響別人」，又或者嘗試跟別人比賽鬥快完成。

4. 不用完美

給自己一個平庸的起點，説服自己：已經夠好了（enough is

enough），無論如何，先完成一個 draft（雖然你不一定滿意），之後才慢慢修訂。

5. 找人監察

向人宣佈自己的目標，讓同事監察自己。還要為自己訂下進度表，定時檢視，眼看餘下的工作少了，自然會感覺開心一點。

6. 了解自己

找出自己拖延的真正原因，向朋友傾訴，聽他人意見。或許關乎一些成長的心理因素，以致出現這種習性，有需要可以找人幫忙解決。

「慢」與「拖」，差一線，在乎你是否有自我醒覺能力。最終目標不只要改善效率，還要改善你這個人，學習成為一個有責任感的成年人。

很多人在求學階段未必發現自己所有的盲點弱點，直至進入職場，透過工作、與同工比較、被上司催迫下，才驚訝地發現「原來自己是這種人」、「原來有人會如此做事」、「原來我做事如此沒效率」。我覺得這是好事，代表找到自己可以改進、可以成長的地方。

向死線反擊

哪個辦公室訪客最令人抓狂？

當你在辦公室聽到有人呼叫：「死喇！死喇！無時間喇！」這時刻，你知道他最想自己突然失蹤，或者時光倒流，或者神蹟出現。因為你也經歷過——

死神來了！其實是死線來了。

作為職場新人，訂死線不在你手：公司給的工作時間太少、客戶突然要求提早交貨、同事太遲交功課……令你大失預算。當然，有時因你是拖延症患者，以致太遲起步，當死線臨到，才焦急起來。

來控制死線

先作一回急診，學習不要被死線控制，反要先發制人，控制死線。

1. 檢視時間表

譬如這件工作要十日後完成，開工三日後先檢視一下，可能及早發現十日不合理，或發現大問題，便可以立刻調校或求助。

一份大工作由不同部件和過程組成，不要單單看着最後的「交吉」結果。嘗試在過程中，按不同部分設定進度式的死線，每達成一個，給自己一個小獎勵，你會輕鬆一點。

2. 自己訂死線

工作和計劃有本身的死線，自己也不妨先畫一條死線（當然比原訂死線早一點），因為死線由自己訂，在心理上比較少感受到別人的壓力，即使過了自己的死線還未完成，你仍「有彎轉」。

3. 談判死線

很多人面對上司的最大問題，就是沒有訂好死線或在不知情下勉強應承，之後只有後悔或埋怨，抱怨自己無權 say NO。當上司要交工作給你，你除了問清楚工作的內容外，最後要問：何時交付。如果他給你的死線不合理，不要光說：「不 OK ！」要解釋你手上已經有什麼工作，以你個人判斷，希望先完成先前的工作，才開始新工作，所以請他多給一點時間。

4. 延長死線

世事難料，怎料死線前不能完成。不要在死線後，或死線將臨前才向上司交代完成不了。這樣，你只是把問題丟給上司，而不是解決問題。要提早通知上司，並準備一些解決方案，例如：如何提早完成、如何向有關人士交代、如何減低影響等。

管理死線，反映你的態度

很多時候，管不妥死線並非技巧問題，而是你的生活態度問題。要從根源做起，你要先了解自己是怎樣生活的。

性格測驗 Myers-Briggs Type Indicator（簡稱 MBTI）主要探討人在四方面的行為和思想走向，其中一方面是有關「生活處事態度」，可以藉此理解人如何面對死線。

這方面，主要分為兩大類，一種是「判斷型」，另一種是「理解型」。以下是他們的工作傾向。

判斷型	**理解型**
1. 喜歡事務儘快有個決定。	1. 願意持開放心情和態度去等待新事物和發展。
2. 比較工作導向（task oriented）。	2. 通常不會預先仔細計劃，希望輕鬆一點過活。
3. 選擇先工作，後玩樂。	3. 將工作和休閒混在一起。
4. 喜歡寫下做事清單（to-do list）。	4. 喜歡較彈性和優悠的工作節奏。
5. 會計劃如何在死線前完成工作。	5. 當死線迫在眉睫，才會加緊作業。
6. 重視目標和完成時間，而有時會放棄取納新資訊。	6. 避免太早做決定，怕損失一些新資訊。

（其他三方面，可參考〈增強創意的簡易法〉、〈內向者的辦公室生存法〉、〈化解辦公室衝突〉）

如果你是個慢條斯理的「理解型」，怎辦？

「判斷型」的人盯着死線生活，經常看手錶。他們給人過度緊張的印象，心焦匆忙，但這等人往往不會錯過死線。

「理解型」的人愛慢條斯理，總以為還有時間，心中有數，不用着急。他們寧願花多點時間去考慮，或者搜集更多資料。所以「理解型」最大的困難並不是那條死線，而是遭上司同事的催迫和誤解。「理解型」的人容易給「判斷型」的人感覺不認真、不負責任、做事不分輕重。

職場是羣體合作的地方。只知我行我素，不理會別人，只會產生更多誤解。所以，**重點不只應付死線，而是認識自己的行為模式，同時學習「溝通」。**

溝通有兩面：一面是讓別人明白你的工作風格和內心的計劃（不是紙上的計劃）；一面是了解對方的心態。可考慮：

- 當別人過早催促你，不用太快認定別人找你麻煩，以一副不合作的態度還擊，這會影響合作關係。
- 定時向他們交代事情的逐步發展，避免別人以為你愛理不理。
- 禮貌地解釋你的初衷，説你不是要拖延，只是想讓事情多一點彈性，也想發掘其他可能性，總之你與他們一樣，都是為事情着想。

如何看待死線，反映你的工作風格。未走進職場前，未必察覺自己屬何種風格和盲點。一旦在職場中發現自己的傾向，便要尋求改善，以致發揮所長。並且，尊重別人給你的死線，代表你肯尊重人。工作就是學做人，如何管理你的死線也能反映你的「做人態度」。

工作專注力

從前有位同事，常常在桌上擺放不同的文件，因為她「心多多」，一時想做這事，一時做那事，心裏以為「快」一點完成所有事情。結果，她往往出錯和混淆資料，文件也弄得混亂不堪。每次轉換要做另一件事時，都要花上很多時間才能重新「上手」，最終弄巧反拙！

對於年輕一代，「專注力」不是常態，multi-tasking 才是生活。他們可以邊上網、邊聽歌、邊做功課、邊覆 WhatsApp、邊開着電視，連電腦也會開着十幾個視窗。

你會說：「multi-tasking 有什麼不好，可以提高效率嘛！」

真的嗎？

科學家透過 MRI 研究人的大腦，發現大腦只可以同時處理兩件事情，如果加添第三或第四件事情，效率和滿足感就大打折扣。而且，一些「突然而來」的事物，如電郵、WhatsApp 或來電，會刺激大腦製造少許多巴胺，久而久之，人會對這些事物上癮，更難集中。

成功，在於 Focus

別以為 multi-tasking 代表「善用時間」，這只不過是一種「貪婪」心態，好像吃自助餐，大吃特吃，不理自己的肚皮。

事實上，很多成功人士都不約而同說，專注很重要。《時代雜誌》曾訪問美國前國務卿賴斯（Condoleezza Rice）。她談到自己的成功之道就是專注。當她要專心做一件事時，會不接電話，不回覆電郵，保持最佳狀態，全神貫注地工作，直至工作完成為止。

讀到這裏，可能你已被其他事情分了心，做了其他事！對嗎？

這叫做 dis-traction，本來你被一件事牽引（traction）着，當另一件事出現，令你不再（dis）被原先的事繼續牽引。

你說工作忙碌，天天置身數碼森林內，身不由己；我建議你要學習解決專注力失調的問題。

1. 改善心態

可能因害怕，可能怕枯燥，可能感困難，可能感不舒服……更多時候，人以為同一時間做很多事，會給自己一份安全感，以為自

己很快會完成，或者使人感覺自己很能幹。建議你先處理自己的心理因素，不要自欺欺人。事實上，只有先想好計劃，一件一件完成才有效率。

2. 學懂 say NO

什麼工作都接下，只會讓 in tray 堆滿工作。不如先按自己的優次，跟別人定好完成時間。必要時早一點拒絕，以讓自己多點空間做好手上的工作。有時間思考、咀嚼，不用「狼吞虎嚥」，工作才會變得有味道，做得更有條理。

3. 清理現場

清理你的桌子，只要一堆足夠你做一份差使的資料就足夠了；關掉電腦上其他視窗（Facebook, email, Google）、關掉熒光幕、關掉電話（或靜音）。也可考慮邊工作邊戴耳筒聽歌，但不要選你熟悉的歌，它們會令你心猿意馬。可以選外文歌，聽不懂的，既有音樂又不用把注意力放在歌詞上。

4. 提醒回歸

要 Google 時，先記下你想搜尋的事情，寫在一張紙上，放在面前。當你在數碼森林迷失時，提醒自己：「返來啦！」

5. 分類工作

記下要做的任務，將同類任務放在一起處理。例如，當你要集中精神做一件事情時，不接任何電話，或另找時間回覆所有來電和口訊。

6. 獎勵自己

將所有要做的事寫下，叫自己只在這範圍忙碌。之後，開始選擇專注一件事，給自己目標，何時要完成，並承諾完成後給自己一份獎勵。

7. 自我訓練

校定 20 分鐘響鬧，讓自己在這段時間內只做一件事。之後，再校 10 分鐘，讓自己繼續 10 分鐘。再之後，讓自己休息一下。這是一種紀律的訓練。

8. 防避他人

有時，最使你分心的人，不是你自己，是身邊的人。可以戴耳筒聽歌，使人知道不要打擾你；可以坐到沒有人坐的位子上；也不妨向其他人說，你要專注做一事，兩小時後再來找你。

我在前文〈如何自製筍工？〉中提過，一件令你快樂的工作，就是你可以投入的工作。訓練自己的專注力，會令你更能掌握自己正在做什麼，當你能夠專注一件事，就能全情投入，享受當中的滿足感。

要開有效率的會議

上司召你開會，初職者又職位低微，怎敢不去開？但你已經忙得不可開交，心中暗罵：「寧多做五件事，也不想開一個會！」

一次公司的每週例會上，老闆宣佈部門的新策略。一位年輕同事已預覽老闆事先傳來的文件，心裏暗罵：「他說的都是三幅被！」所以用原子筆在紙上塗鴉，這場面自然給老闆看見。老闆就開始連珠炮式向他發問，咄咄逼人，令他非常尷尬。

不錯，有些會議的確很「廢」。可是，別想開會時：遲到、打瞌睡、玩手機、做其他工作、在紙上畫公仔、別人發言，自己就跟旁人咬耳仔……這樣做會大大影響別人對你的印象，感覺你不認真。

尊重會議，就是尊重同場的人。尊重同場的人，就是展示你的工作態度。

但你說：「我的確忍受不了沉悶的會議！怎辦？」以下有些方法，希望幫到你。

會議前

1. 做足功課

很多人開會，有種「煮到來先食」的心態，不理議程，不理要傾什麼。這種心態怎會幫你投入會議？

每次先看清楚議程，有所預備，做點資料搜集，想想自己有什麼意見、想法或提問，甚至自己在這些事上有什麼可擔當的角色，不要以為自己是個觀眾。更重要是，當你對議程有疑問，可以先向相關同事查詢，這不但可以澄清疑團，更表現你的認真。

2. 預先協調

你知道嗎？大部分的議決和共識都不是發生在會議上，而是在

會議前。因為人身處會議當中，心情會變得緊張，整個人突然嚴肅起來，遇着敏感議題更是棘手。我建議你不要把一些敏感的議題留到會議時才辯論，不如預先協調商量。

以上做法的另一好處是，如果事情可以在平日搞定，就不用再勞師動眾開個會吧！

會議中

如果你在會議中有 say 的，如何令同事開好一個會？

1. 愈少人愈好

勿叫全村人開會，跟召集人討論，究竟哪些人須要現身，哪些人不用出現。少人參與的，叫「會議」；多人參與的，極其量是「匯報」。會議人數，在 10 個人以內，愈少愈好。愈少人，愈有空間討論，人也會比較開放，願意聆聽和表達。事實上，會議就是「聆聽」和「表達」同時進行的過程。

2. 有目標，有議程

會議要有目的和目標，沒有目標，會議也是瞎聊。

請記着，目標跟題目不同。題目是：今次的會議有關財務安排；目標是：今次要達成投資這項目的協議。

開會前，先跟大家討論會議議程。過程中，讓大家先認真討論一下。要有議程，也要會前派。議程，要打折。如果你本想討論五件事，就寫上四件；如是十件，就寫八件。將「議程」轉為「問題」，例如：「討論工程項目」轉為「何時完成工程項目」。

3. 有行動

會議不是圍繞着目標説説聽聽的過程，而是要「做」。列出會議後的跟進行動，推動每個人負責自己的部分，確保完成目標。

4. 小休

在討論重要議題時，讓大家沉默兩分鐘，沉思一下，免瞎扯。會議的其中一個重要部分，就是「等待」（但不是等遲到的人）。另外，在會議間，各人太疲累，或者拗得火紅火綠，Take a break！洗把面，吃些零食，祈禱。如果會議要押後改期，也無妨。

5. 可 cancel

世上只有「廢會」沒有「例會」。不需要的會議不要開，與會者未準備好的會議不要開，時間不足的會議不要開。如果真的要開，不如列一個簡易議程，專心傾談好了！

切記，開會要抱着一種心態：**會議有效率，不是想讓自己儘快脱身、儘快閃；而是明白工作不只是個人的事，也是大家的事，如果大家都有效率，大家的工作和公司都能得益。**

而且，會議不單是一個討論「事」的過程，也是一個 team building 的過程，同事藉着討論認識和磨合，合作做一些有效的決定。

會議也是關乎自己的事，試想想，老闆這樣忙，只能靠會議上觀察員工的表現和反應，來了解他們，作出評核。你在會議上如何表現，絕對影響你的前途！

Monday Blue

一班年輕人自從畢業後，各有各忙，難得相約星期日晚上聚舊。晚飯初時，大家還談得興高采烈，但當時間已到了 9 時左右，很多舊同學開始表現不安，有人說：「怎麼明天要上班！」又有人嚷着：「明早 9 時正要開會，簡直變態！」「明天很想請病假！」

身處職場，感到世上最遙遠的距離，是當你期待着星期五來臨，卻發現今晚竟然只是星期日……這就是「星期一壓力症候羣」的病徵。

當我仍是廣告公司的低級職員時，一次客戶的外國總裁到訪，我要在週末預備和打點好星期一早上 9 時的會議。早上一覺醒來，發現時鐘已經指着 8：45。我整個人立時彈起來，心想：「今次死定了！」唯有硬着頭皮，打電話給上司，看看如何補救。

怎料，電話另一邊傳來一把懶洋洋的聲音。上司說：「什麼事？」我說：「sorry 呀！我睡過頭，趕不及回來開會。」她卻很訝異地說：「開什麼會？今天是星期日！」這刻實在晴天霹靂。我被星期一嚇壞了！

準備過好星期一

為何很多人對星期一有份矛盾的心情？萬事起頭難，因為星期一是「奇怪」的一天，是一星期的開始。很多人會將每星期的例會放在這一天，新 project 的開始也以這天為起點，又或者將上星期未完成的事，安排在這天完成。然而，這天也是假期的結束，週末週日的 holiday mood 仍然未散去。

我們不能改變星期一這現實，卻可以改變我們的心態和生活節奏，令自己快樂一點上班去。

1. 找壓力源

找出令自己煩惱和討厭的人和事，可能是你的惡上司、衰同事或麻煩客戶、工作難題或者怕死線前不能完成的工作等。一個人愈能清楚掌握問題的來龍去脈，就愈能找出解決方法。

2. 預備清單

在星期五放工前，預先為星期一作準備，記下放假回來要做的工作，或者在星期五開始部分你感覺困難的工作，減低星期一帶給你的壓力。同時，記下三件下星期你滿有期待的事，為自己打氣。

3. 過好週末

週末是一星期的「高潮」，非常重要。不要在週末開公司電郵，不要看公司文件，不要讓「星期一」太早開始。過好星期日晚，例如看喜歡的電影、電視，找好朋友敍舊，郊遊運動等。

4. 整裝待發

星期日預備明天要穿上的服裝，最好是自己特別喜歡的裝束。令自己心情愉快一點，迎接新一天的來臨。

5. 抖擻精神

週末要有充足睡眠，星期一不要遲起，免得無暇吃早餐。就是要在星期一早上，吃一個完美的早餐。儲備充足的熱能，幫助你應付一天的工作量。

6. 改換心情

吃過早餐，走到街上，如遇上晴天，對天空説：「藍天真美」；要是陰天，對天空説：「不會太曬。」雨天，對天空説：「很滋潤啊！」星期一雖然「灰暗」，但你的生命未必一定不爽。

減低星期一的「重要性」

儘量安排星期一的工作量較為輕省，切勿在星期一早上開會，找死的！這是我之前犯過的錯，絕不會重犯。

1. 投入工作

一般人安排自己在星期一做無聊的事，但心理學家 Mihaly Csikszentmihalyi 提出 Flow 的理論，指人能夠沉醉於一件事或工作，就能滿有快樂。所以，不妨安排在這天做一件自己喜歡、容易投入、較易掌握的工作。

2. 製造期待

預先安排星期一下班後，令你期待的活動，例如運動、看電影或者約朋友。給自己一份期待，漸漸地你會發覺時間過得很快。

世上最恐怖的事，並非明天不是星期五，後天不是星期五，而是後後天也不是星期五！要由星期一捱到星期五，每天捱着等日子過去，多辛苦！

我不否認工作有辛苦一面。**倘若看生命是「每週」的周而復**

始，日子不過是一日復一日，每週都一樣，的確乏味。

我有時會翻看自己的行事曆，翻前翻後，以「退後一步」的視點看自己的生活。看着看着，我會為之前完成的工作而滿足，為了期待即將來臨的活動而雀躍（如旅行、見好朋友）。更重要是，我會看出原來每天沒有白過，這就是辛苦也有價值了！

如何令自己
快樂上班去

有個階段我工作得很辛苦，天天加班至 11、12 時，上司一點都不體諒，還要求多多。記得有一天工作很忙，我連吃午餐和晚餐的時間都沒有，晚上開 OT，唯有吃昨天同事午餐飲茶打包回來的飽點。當時辦公室只得我一個，手握一個又硬又冰冷的叉燒飽，熱淚盈眶，心裏沮喪，想到可能明日報紙頭條：「男子工作辛苦　辦公室倒下身亡」！當然，我沒有工作致死，但心裏充滿負能量。

上班是辛苦的！受老闆客戶氣、忍氣吞聲、給人玩弄、給人誤會、被人取笑、經常加班、戀人家人又投訴……

種種壓力，還會引致：

- 腸胃出問題，皮膚差，病痛自然多；
- 引發情緒病，如焦慮、抑鬱；
- 把情緒發洩到親人或伴侶身上；
- 用零食減壓，愈吃愈胖；用購物減壓，愈買愈窮；
- 放假去旅行玩到盡，早機去晚機返，翌日又上班，始終沒休息。

五條令自己快樂的問題

環境是難改變的，如果你未到要辭職轉工的地步，繼續做下去，真要改變一些心態，才能支持你撐下去。

1. 工作無聊 —— 我今天想得到什麼？

不快樂的人感覺工作刻板、悶透，覺得生活沒趣，天天像星期一，日日等星期五。一眾上班族對工作已經失去要求和想像力。來，重拾想像力！不妨每天上班前，在巴士上，與其發呆或看手機，不如想想：「今天你想完成什麼事」、「學習到什麼」、「見什麼人做什麼事」、「給同事一個怎樣的形象」、「享受一頓怎樣的午餐」……

工作辛苦時，可以想：「我就學好這件事，起碼對自己有益。」或選定一間平時因為價錢高昂而不敢光顧的餐廳，放工辛苦過後獎勵自己。

2. 感覺卑微 —— 我在辦公室有什麼優勢？

不快樂的人因為找不到自己的優勢，往往小看自己，感覺自己一無是處，甚至喜歡比較。其實能在辦公室存活下來，已經證明你

的存在價值。同事是需要你的，嘗試想想，自己有什麼地方可以跟別人配搭。

要是天天加班，可以勉勵自己說：「如果我不重要，老闆也不會給我工作。沒有我做這些 dirty work，他就要自己親手做。」或者從上司角度去想：「其實他最近的反應，表示他都有很大壓力。」

3. 怕出錯 —— 我真的輸不起？

不快樂的人有時是因怕失敗、怕挑戰、怕困難，他們只想一直維持現狀（除了薪金）。其實失去這份工作，也不會失去家人朋友的支持；但你仍不由自主地擔驚受怕，唯恐一旦出錯會被取笑、被罵、被炒。輸不起是一種不理性的心態。Loser 這個字雖然嚇人，其實，不能容讓自己 lose 的人，才是真正 loser。

面對上司的指責，有時可以激勵自己：「你話我蠢，我就是不服氣，一定做 / 學好這件事給你看。」或有時也會想：「你工作比我多十年廿年，我一定不及你。新人，就是要學習吧！」

4. 遭誤解 —— 一啖氣，有這難吞下嗎？

不快樂的人心中積蓄了一道怨氣，感到別人誤會自己、不明白自己、詆毀自己，出賣自己……做人一定要得到每個人明白，才可以快樂嗎？做人是靠賴別人的眼光和說話嗎？你一直生氣下去，最大受害者是誰呢？最終，受害人都是你自己和身邊愛你的人。

同事誤會自己，就對自己說：「你誤會我，不明白我，我都拿你沒辦法。我來上班的，不是讓人解讀。一天我會用我的表現，證明給你看，我才不是這種人。」

5. 衰上司 —— 誰是我的真正老闆？

討厭上司，害怕上司使你不快樂。還記得〈上班幹嗎？〉，曾問你誰是老闆嗎？上司、老闆不過是這份工作的管理人，不是你生命的老闆。你最終要向自己負責。

當你遇上壞情況，負能量急增，不容易回答這些問題。這時你只想放棄工作，逃離現場。其實，失意時，家人朋友的支持很重要，也是你工作的意義和負擔。更重要的，我是向上帝負責，上帝也向我負責，給我生命中的體會。

那段痛苦的日子，當時我不明白，只有埋怨。今天回顧，最終明白，在頂艱苦的日子，不肯找方法自處自救，只因不想走出自己

的安舒區：不想改變，不肯放下身段尋求別人幫忙，不敢踏出新一步……

工作上總會遇上失意時，這段日子是難捱的，但每段艱難日子也有機會成為自己的突破點。就讓不快樂的日子成為自省的機會。

上班不加班

你是 workaholic（工作狂）嗎？就以下題目，選擇：非常同意：5 分；同意：3 分；有時：1 分；不同意：0 分。

1. 我大部分的工作喜歡自己做，多於找人幫忙。

2. 等同事完成任務等得太久，我會不耐煩。

3. 我常常要追着時間跑，趕快完成工作。

4. 在我工作中途，我很討厭別人打擾。

5. 我常常感覺自己要開 turbo 工作。

6. 我很多時候會一心二用，例如一面吃，一面工作。

7. 即使時間有限，我有時都會應承接受一些任務。

8. 當我沒事做，會感到不自在。

9. 我覺得事情有具體的結果很重要。

10. 我覺得「結果」比「過程」重要。

11. 我不時覺得事情的進度比較想像中慢。

12. 我會因為工作的進度慢或沒結果而苦惱。

13. 我會花不少時間，在腦海中計劃將來的工作。

14. 當同事已經收手，我仍然未能對一些工作放手。

15. 當同事未能達到我的標準，我會很生氣。

16. 當我不能控制事情發展時，會很苦惱。

17. 即使沒有工作，我也不易放鬆下來。
18. 我花時間在工作上，多於交朋結友或發展興趣。
19. 我覺得家人朋友的生日、紀念日、reunion 等，並不是最重要的。
20. 在工作上犯了小錯，我也會很苦惱。

76-100 分：你是超級 workaholic

51-75 分：你傾向有點 workaholic

36-50 分：你有點忙

16-35 分：你工作有分寸

0-15 分：你過得很悠閒

Workaholic 還是事業規劃

年輕人在工作上勤奮是好事，但正如我一直說，**工作要放置在事業規劃上，忙也要忙得有道，不要做「窮忙族」。**

我初出茅廬最瘋狂的時候，會在早上 7 時半上班，深宵 1 時離開，以為這樣就代表勤奮。當時不察覺自己的心態，後來才明白心裏要跟 workaholic 的上司「鬥氣」。她習慣早上 8 時上班，我尚未回

到辦公室，她已將看完的東西放在我桌上。於是我不甘心，就要比她早回到辦公室工作。今日想起，都覺得自己很傻。

有時候，選擇長時間工作，可能只為證明給別人看（正如我昔日的例子）；可能是不合理的恐懼（怕被上司指責）；可能是期望過高（不甘自己做不到），這些恐懼成了支配你的力量。

當然有時候忙起來，你做「細」，沒有 say，非加班不可。怎辦？

忙，也要問自己忙在哪裏？是否忙得有價值、有目標？原來推動我們的，是人生目標和方向。如果失去明確的目標，你只會被某種「力量」支配，被操控。

被迫加班怎麼辦

1. 管理加班的時間

計劃 / 計算加班要做什麼，是否一定要加班才能做到？能做到多少？若果可以達到的效果，只不過是明天早一點回來做，或明天少聊幾句閒話，便可以達到，就不要加班了。有目標和計劃地加班會好一點。否則，加了班又完成不了多少，更沮喪。

2. 兩天不加班

你可能每天都要加班，漸漸失去了自己的生活，彷彿忘記了家人，忘記了曾經有什麼興趣和喜愛的運動，忘記了身體已經不勝負荷，最終只會失去自己。所以，堅持一星期至少有一至兩晚不加班。難？有時人要被強迫的，可以報讀一個興趣課程，給自己一份責任，還要給公司「合理理由」，讓你準時下班。另一晚，就留給家人或好友。

3. 一面工作一面休息

有人忙了一星期，到週末就攤在牀上睡個夠。但要分辨你的工作類型屬「腦動」還是勞動。睡眠主要是舒緩身體疲勞。對於腦動疲勞的人，要把精神放鬆下來，做點休閒的事，如午飯時間散步、輕量運動、跟同事聊天，或安排下班後的 happy hour 更合適。

大腦要平均平衡使用，才不會疲憊。例如你剛完成三小時的文書工作，最好留一點時間修剪盆栽。做了一些分析工作之後，就做一點創意想像性質的事。

有時上司會於週末給你寫電郵，期望你回答，以致你在週末也要查看。事實上，週末查了電郵都做不了什麼。好好享受週末週日，不看電郵，停止顯示 WhatsApp 上線時間，早一點睡；星期一早一點上班（比上司早），才查清和回覆電郵。

經營你的生命才是上天賜予你最大的「工作」，要做好這份「工」。你失去這份「工」（生命），同事和上司最多為你惋惜一週，頂多是一個月；你失去健康生命，你的家人會為你傷心一世。

明天要上班，失眠怎麼辦？

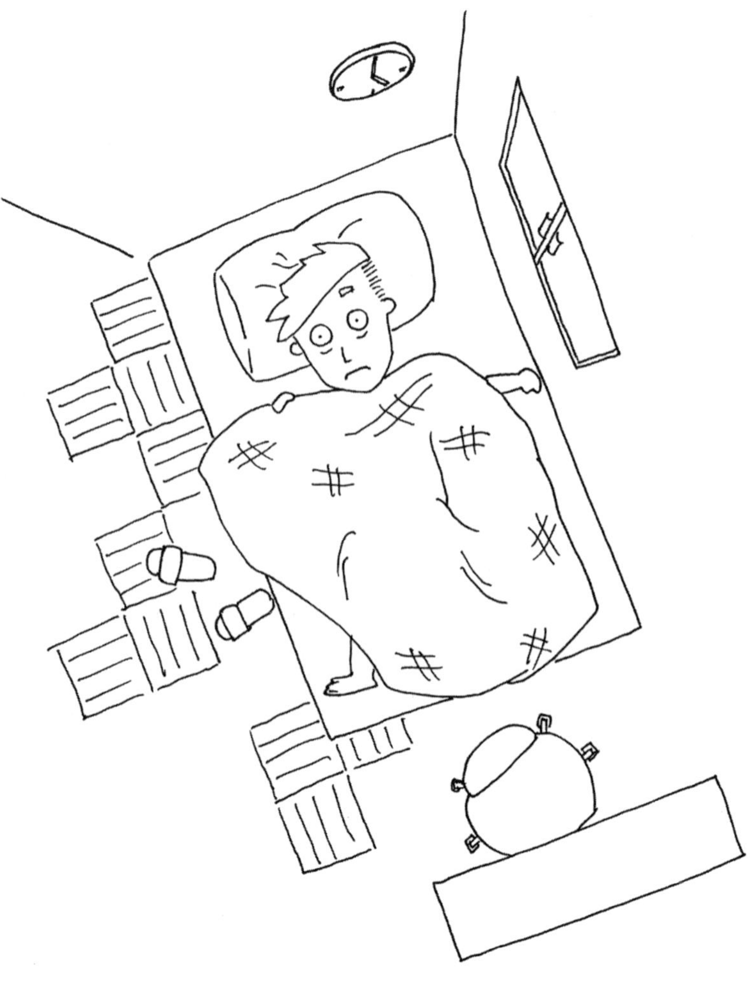

一個年輕人剛轉了新工不到一個月，可是每晚都難以入睡，或者早上會在鬧鐘響起前「自然醒」。她想盡方法幫助自己，喝牛奶、看中醫、看書、做運動、點香薰等都沒有效，又不想食安眠藥，令她很懊惱，身心疲累。

失眠是都市人最大的困擾之一。2010 年的調查顯示，四個香港在職人士就有一個一星期三晚失眠。我也是過來人。幾年前，我曾經一星期有三晚睡眠不多於兩小時，晚上經常「眼光光」，看着自己愈來愈消瘦。後來發現，原來自己的睡眠情況跟情緒有莫大關係，反映自己工作很緊張。所以，一個人可以睡多少，事實上反映他的內心世界。

撇除環境因素和身體因素，究竟如何搞好心理問題，晚上安睡呢？

矯正心態

不要以為睡得愈少就代表你愈成功，相反睡得多，就有罪咎感。雖然英國戴卓爾夫人一天只睡四、五小時，但不是人人都可以這樣，有人就是要睡多一點，才有精力應付工作。

以下是一些名人的睡眠時間統計：

貝多芬（音樂家）：10pm - 6am（八小時）

康德（哲學家）：10pm - 5am（七小時）

雨果（作家）：10pm - 6am（八小時）

狄更斯（作家）：12am - 7am（七小時）

村上春樹（作家）：9pm - 4 am（七小時）

達爾文（科學家）：12am - 7am，3pm - 4pm（八小時）

富蘭克林（科學家）：10pm - 5am（七小時）

弗洛依德（心理學家）：1am - 7am（六小時）

斯金納（心理學家）：9:30pm - 6:30am（九小時）

你會發現人人對睡眠長短的要求不同，大部分名人的睡眠時間，都介乎七至九小時之間，證明一般人說八小時睡眠仍然是適用的。

我知道你不是要做名人，不一定要睡得跟他們一樣多，你只想今晚好好睡，明天好好上班。如果今晚失眠，感到很困擾，不如試試一些建議：

1. Cool down 時間

失眠，因為腦部太活躍，牽掛日間的工作而有壓力。你要給自己在睡覺前有半小時至一小時的 cool down 時間。可以躺在牀上，甚至到公園散步。漫無目的地讓自己的思緒自自然然浮現出來。想像將一件有污迹的衣服，放入水中，讓污迹褪去。這時，你要對自己說：「呵！原來這件事還在困擾我！」如果問題很嚴重，可能需要見輔導。

2. 阻截思維

工作的壓力令你經常掛心，大腦沒法停止下來，想繼續運作，導致失眠。

這時候，你的左腦會比較活躍，嘗試由右腦幫助左腦減慢速度。例如，不妨叫自己思想一些無關痛癢的事情，例如一些朋友的近況、最近一些見聞、一些有趣的往事、旅行的經驗，甚至娛樂新聞，以一些右腦做的事，令左腦可以放鬆下來。

3. 專注呼吸

焦慮是失眠的主因之一，要暫時消除負面情緒，可以靠一些身體反應幫助。呼吸是人類出生時最原始的本能，也是處理負面情緒的生理資源。

躺在牀上，閉上雙眼，不容易立即清理心事，這時你可以盡力專注自己的呼吸。把雙手放在腹部，將所有焦點集中在腹部，一面呼吸，一面感受腹部的起伏。當你能夠花上至少 15 分鐘專注呼吸時，你就可以控制身體和機能，讓自己平靜下來。

4. 改變思維

你知道嗎？導致失眠的最大壓力，就是怕失眠！怕失眠，因為明天要上班，怕應付不了工作。所以，你要學習不再強求，睡不好就算罷，反正翌日有精神，能夠工作就可以了，接受現實吧！

或者，你可以大膽地跟自己説：「失眠也不要緊，一旦明天要遲起，就向公司請半天（或兩三小時）病假。失眠可算是一種『疾病』啊！」這樣，你會無「後顧之憂」，任由自己晚間「眼光光」，而不用內疚。「明早要開會呀！怎辦？」朋友，當你倒下，也不能開會吧！

5. 100 分的自己

如果你習慣長期失眠，失眠正在給你一個警號：「你是個 workaholic！」（拿〈上班不加班〉的分數看看）所以，你要重新開

始學習 hea 住做。放心，即使你 hea 住做，也可以達到 100 分，因為你一向做事是 120 分。

「身體」其實是世界上最聰明的「自動機制」，它在你未發現內心的苦惱或憂慮之前，已經給你敲響警號，提醒你要慢下來、停下來。

要處理失眠不容易，因為很多時候，須要調整你整個人：你如何看工作？你如何看自己的表現？你如何看上司的權威？你如何看前路？

不要急急關掉失眠這個「火警鐘」，可要走入內心看看發生什麼事。

上班應用程式 4

意想不到的「桌面提示」

有時，工作令你忙得要死，根本無暇顧及任何其他事情。可是，這些事情對你卻非常重要。我有一個習慣，往往在忙碌時，將一些很重要，容易被遺忘的事，用 post-in 貼在電腦熒光幕前。有時是文字，有時是圖案，給自己提醒。

以下是一些有趣的點子 ——

1. 不要讓眼睛太貼近電腦熒光幕

你發覺上班後，近視度數愈來愈深嗎？因為你太投入工作，忘記跟電腦熒光幕保持合理的距離。我會畫一雙眼睛，貼在熒光幕前，提提自己。

2. 坐直

同樣，當你工作得如火如荼時，腰骨漸漸傾前，或坐姿滑落。久而久之，你的脊骨會愈來愈彎，出現很多肌肉或神經毛病。

3. 飲水

因為工作太忙，你忘記了飲水，更忘記了「交水費」。或者，你怕麻煩，不願跑去茶水房打水，不如放一個水瓶在桌上。

4. 打電話給 XX

有時，人太忙，會六親不應。你忘記告訴家人，會否回家吃晚飯。你可能忘記問候你的伴侶和子女。可能忘記關心一個你現時須要關心的朋友。

5. 祈禱

學習隨時隨地祈禱。如果祈禱是人的呼吸，不要一直閉氣，直至失去呼吸。祈禱使你吸收多一分靈氣。記得打電話給上帝，讓祂問候你。

6. 笑

因為你工作得太專注，面容已經扭曲，或者黑口黑面。記得笑一笑，心情也會被調整起來。

上班應用程式 5
有效率開會法

1. Microsoft 的會議規矩：先擬定散會時間，並寫在各人的行事曆上（類似 Google calendar，別人可以替你規劃工作時間表），所以時間一到，大家會離開會議房，或被安排了另一個會，這樣主持會議的人就不可拖延了。而且公司又規定，離開時大家一定要有 to do list 在手，保證開會不會光說不做。

2. Google 提倡站着開會，提高效率和製造輕鬆感覺。而且，一般人不會願意站得太久，所以會議一定有效率。

3. 研究指出一般人的專注力在 10 至 18 分鐘內，所以會議最好設在 18 分鐘內。時間要短，議程要少！

4. 不要帶手提電腦及平板電腦去會議，否則專注力大大減低。會議主持人可將手機收起來，等待會議結束後才歸還。

5. 在最好的會議中，通常主動想來的人，比不得不來的人要多。

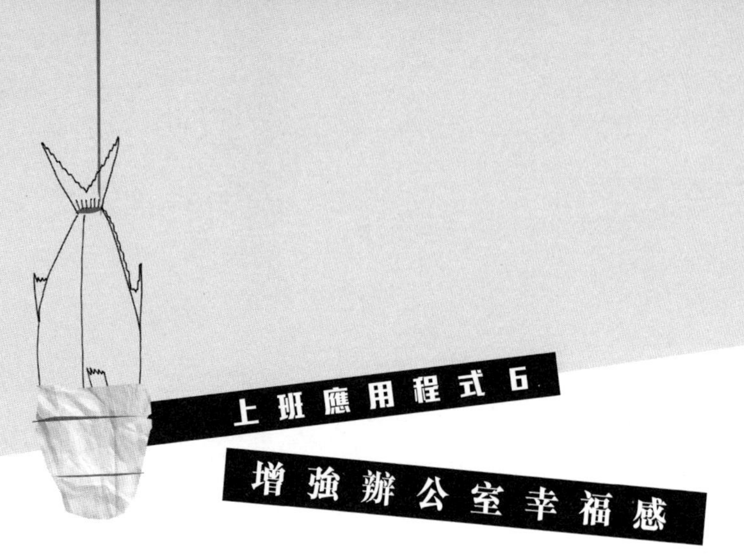

上班應用程式6

增強辦公室幸福感

辦公室環境影響你的生產力和精神狀態，知道嗎？你改變不了工作，但可以改變一下工作的環境。

1. 光線

瑞士腦神經學家 Mirjam Munch 指出，天然光比人造光，更能令人在下午時分有精神。例如，你的座位愈近窗口愈好，或者在下午時分，不妨出外走走，讓眼睛「吸」點新鮮的光線。

2. 下午茶時間

不用每日，起碼每星期有幾天，在特定時間吃下午茶。不在乎吃什麼，在乎在沉悶工作中，有一份「盼望」和透氣空間。

3. 一起發掘美食天堂

民以食為天。同事不但要有時一起吃午飯，更要找出好吃的館子，彼此分享和交流。

4. 裝飾辦公室

你們未必有太多時間，美化和裝飾辦公室。起碼可以放置一塊板，按不同時候，設置不同主題，例如節日佈置（聖誕、新年）、家人親友的孩子相片、你或家人的童年照、喜歡的明星照，甚至大家的花名等。

5. 一起做運動

打波、健康舞、跑步，各適其適。甚至，一起在下午 3 時，一齊伸一伸懶腰，深呼吸 10 下。

6. 零食天地

有沒有辦公室基金，可以搞一個零食天地？另外，也可以考慮一個咖啡天地，搜羅各地的咖啡，一起品嚐。

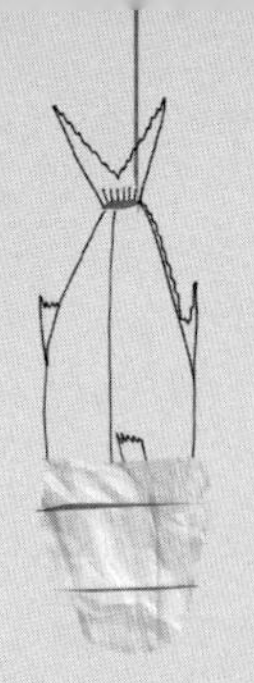
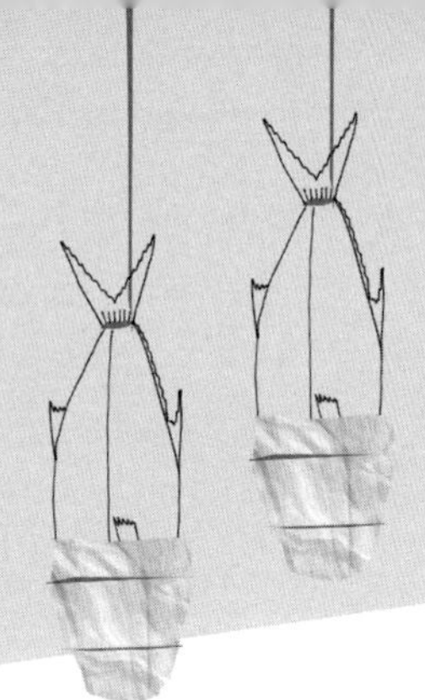

7. 惡作劇

找些不記仇的同事，玩一點惡作劇。我聽過，有人放大了一張巨型甲由照片，貼在一部遙控車上，之後，將「甲由車」駛至一位很害怕甲由的女同事腳底，追着她，引來各人捧腹大笑。

8. 養寵物

寵物甚少發你脾氣，不會背後講你是非，不會指罵你。牠們是你最忠誠的朋友。有牠們相伴，當你工作到發慌時，望牠們一眼，又有生氣起來。我見過同事在辦公室養各式花鳥蟲魚。在外國，甚至有 pet friendly office，容許員工帶小狗上班。

三、唔係咁打!

辦公室人際中茁壯成長

學懂説話，改善同事關係

辦公室內的老臣子終日掛在口邊的話：「做新人就要聽教聽話。」有時年輕人會對這句話反感，感覺被輕視。

不錯，在辦公室，新人還未獲得別人的信任前，是沒有「發言權」的。這是殘酷的現實。

新人真的就沒有 say？不是沒有，是要學懂怎 say，口何時開，何時關。讓同事在辦公室人際交往中，感受到你的真誠熱誠、可信賴的特質。先搞好溝通這門功課，才有資格談到發言權。

六句常掛口邊的說話

要做個討好的新人，就要懂得說和問。

1. 麻煩你幫個忙！

向同事求助，是一種讚賞和增能（empowerment），令別人覺得自己有能力。不要擔心因求助而讓人小看你，懂得找什麼人、幫什麼忙，是一種智慧、勇氣和胸襟。

2. 我有什麼可以幫到你？

你要學習辨悉同事的需要，從而主動伸出援助之手。我們很少這樣做，只因我們都怕被人拒絕。其實，提出幫忙的重點不在「做與不做」，而在於向同事釋出「善意」。

3. 我知道你做了這些事。

要讓同事知道：「有你做了這事真好！」他即時會感到自己變得更優秀，更有成功感。中國人甚少説這些肯定別人的話，因為我們常以為自己比別人優秀。當你一心只想別人「看見」你，就無法讓你「看見」別人的好處。

4. 多謝你，XX！

你甚少真心感謝別人，因為你自以為是，以為很多事是你能力「一手」達成的。事實上，每件事都是羣體共同孕育出來的，你的成功，別人有份。同事在你身邊出現，就是一份支持；別人聆聽你的廢話或怨氣，也是一種忍耐。

5. 你有什麼意見？

我們傾向喜歡別人聆聽自己的意見，多於聆聽別人的。漸漸

地，別人會覺得跟你説什麼也多餘。凡事多問別人的意見和看法，別人説話時，要認真地聆聽，聽後要思量，再給別人回饋。這就是尊重。

6. 我們都會犯錯！我們都不曉得！

當同事犯了錯，失意時，這句説話比「你唔好諗咁多啦！」更貼心。起碼，你先認同了別人的煩惱，而且你將自己放在與別人同等的位置，而不是高高在上地「勸戒」別人，這只會令他感覺自己 stupid 和 stubborn。

六個「沉默是金」的時刻

怕「開口夾着脷」，就要學懂何時 shut up！

1. 當你聽到不同的意見時

人通常不喜歡聆聽不同的聲音，一聽到只想立即自辯，即使耳朵裝作聆聽，其實內心正在盤算如何答辯。可能你對自己沒信心，怕出醜。不要擔心，沒有人真的想打垮你！先嘗試沉默，聽聽別人説什麼，等待合適時候才開口修正你的論點。

2. 當你發問後

有時人會假惺惺地問別人意見，別人回答時，自己卻心不在焉，心裏不過是測試別人的意見是否跟自己一致。表面説：「同意！」之後接着説「但是……」（Yes, but...）這樣，你不單令對方覺得自己很傻，其實也使你在別人面前顯得很傻。

3. 當別人誤解你的話

你巴不得立即回應，矯正對方。但若你未聽清楚別人的論點，根本無法「矯正」別人。矯正別人，或者令別人明白你的話，要從別人身上出發，了解他人想法的起點緣由，之後再分析當中的邏輯，才能準確回應。

4 . 當你不清楚自己的論點時

很多人愈想不通自己的論點，就愈講愈多，希望一面説一面整理思緒。這會叫別人受罪。你可能怕討論時出現 dead air，怕自己沒有論點發表，怕人家以為你愚蠢遲鈍。其實，亂説話反而顯得你更愚蠢，如你還指責別人不明白你的胡言，更顯得你無賴。沒話説，不如不説。

5. 表面給別人建議，其實想吹噓自己或踩別人

撫心自問，你給別人建議時的動機，是真心想幫助別人，還是想吹噓自己有多厲害，別人有多愚蠢。例如說：「如果我是你，就不會這樣做吧！」「其實我覺得那樣做，比較好囉！」都是動機不良。這是不自覺的，因為你平日不容易得到別人的肯定，還不趁機會抬高自己嗎？切戒！

6. 當你看見別人在發悶發呆時

你一定很想再次挑起別人的興趣，所以想說下去。Come on ！你的時間已到。不如乾脆說：「不如下次再傾！」如果別人真的想聽，自然會說：「請你繼續。」否則，你知情識趣吧！

很多人都患了「快語症」，未想通，就想說。記着，你不遷就人，人不遷就你。**溝通之道，就是站在「別人角度去想」。**

公司老油條

一次聽到一位年輕人與同事的合作困難：「我要跟一個年紀大的『師奶』合作，她在公司做了 20 幾年，平日説話『聲大無準』；明明 9 時開工，10 時半才返工，返到公司就歎咖啡奶茶；經常扮失憶，還要指責別人沒有跟她講，做事要人執手尾。公司無人 like 佢，我真希望她儘快消失！」

可是，最殘酷的現實是，你最想消失的人往往比你留得長！

這種人我們叫「老油條」。他們在公司工作多年，練精學懶到一個成「精」的地步。這種同事（不一定用年紀去劃分），大多是推搪得太早，行動得太遲，商議得太久，反對得太多。

不少年輕人投訴公司有很多老油條，形容他們是公司的癌細胞。的確，當一間公司愈來愈多老油條，就表示病情開始轉壞，當一間公司由這一班人主導，便會病入膏肓，返魂乏術。

與其無奈，我勸你不如易地而處，看看如何應付。

老油條是怎樣煉成的？

1. 怕忙、怕加班

他們給你的感覺是不思進取，不願多行一步。嘗試為他們想一想。他們在漫長的工作年日裏，已經建立出一種牢固的生活模式，例如何時回家吃飯，何時回家照顧子女，何時約朋友打波打麻將……而且，你也要考慮他們的魄力與能力，不能跟你同日而語。所以，你跟他們合作時，要有商有量。

老油條甲總是遲到，又不會埋頭苦幹；一是到處搭訕，一是常常用公司影印機影自己喜歡看的報紙。於是老闆叫同事A「管理」他，給他可做的工作。初時，老油條甲總是推搪，什麼都說不懂。於是同事A唯有給他曾經做過，及有限期的工作，定時約他檢討進度，一步一步來。

2. 愛安定

他們怕出錯，怕冒險，所謂多做多錯，少做少錯，不做不錯。不能單用一個「懶」字可以形容。其實他們只不過怕一旦有差池，便飯碗不保，難找其他工作，難安心退休。所以，當你想分派工

作，或跟他們分擔工作時，總要考慮這種心態。可以給他們做重複又少風險的工作，給他們肯定，你還可以從旁協助和一起承擔。

3. 怕老闆

基於保飯碗的明哲保身心理，他們雖然怕老闆，但又總愛以老闆為擋箭牌，永遠推説這是「聖旨」點你。因此，你要以其人之道，還治其人之身，可以預先徵得上司同意，再向他們説：「是老闆吩咐的！」他們便會無言拒絕。

老油條乙遇上自己做不來、不想做的事，只會經常鬼祟地拉同事 B 在一邊細聲講，要同事 B 收拾殘局。同事 B 真是忍無可忍，想到他其實怕老闆知道，所以開始事事都用電郵記錄在案，甚至有時傳副本給老闆，令老油條乙無所遁形。

4. 認叻不認衰

老油條喜歡誇口是老臣子，説自己什麼都懂（實質沒什麼懂）；又或者出了錯，卻死不認錯，推搪説是其他人要他們這樣做的。跟以上心態相似，他們沒有安全感，怕自己成為最快遭淘汰的一位。老人家要受尊重的。所以，尊重他們，就是嘗試了解他們，幫助他們解決困難，之後才指出問題的影響。他們比較易接受。

同事們很怕跟老油條丙開會，感覺浪費時間。每次討論，他都漫無邊際，一時吹噓自己過去的威水史，一時會無理反對：「公司以前不會這樣的！」總沒有建設性。同事C學精了，每次開會都先問他意見，例如有什麼解決方案、之前有什麼先例，作為「開場白」，之後繼續會議。有時甚至開會前先問他意見，豁免他參加會議。

5. 阻力還是穩定劑

凡事有正反兩面。老油條的「維穩」心態，的確有機會阻礙公司大展鴻圖，但也可能防止公司發展過度，未想清楚就走得太快呢。年輕人比較有魄力，容易急進，未必考慮到公司全盤情況和同事的速度，有時甚至被標籤為「搞革命」。透過對不同類型同事的觀察，多元的態度廣納不同的意見，你才會發展出更宏觀的視野。

辦公室龍蛇混雜，什麼人都有。**學曉跟什麼人說什麼話，向什麼人分什麼工，分辨什麼人對公司有什麼作用，是你學做人、學做工的必修課。**還要做好人，免得他日成為另一個老油條。

突圍同事
玩杯葛

新人 A 第一天上班，上司向部門同事介紹她，讚賞她年輕有為。當向同事 B 介紹時，才知他原來是自己崗位的「前身」，但已經被調去擔任其他工作。漸漸地，她發覺不妥，每當請教這位「前輩」時，他總是説不懂，態度冷漠；後來又發現他總愛遠遠瞪着自己，跟其他同事細聲講大聲笑，似乎在説自己壞話。由始至終，沒有人主動叫她食 lunch 和聊天。這時候，她發覺已經被人杯葛。

她怎想都想不透，為什麼「犯眾憎」。最後她知曉，原來同事 B 被調職的原因是力有不逮，所以將怨憤發洩在自己身上，A 自然感覺自己真無辜！

辦公室遇上同事玩杯葛：lunch 不預你、求教時不睬你、背後説三道四……真是可憐！對於年輕人，面對一個辦公室衰人已夠難纏，怎料遇上一批人的抵制和杯葛，真的束手無策，孤立無援。

杯葛突圍法

遇上杯葛，第一條法則是：冷靜，一旦驚慌就會進退失據。孫子曰：「知己知彼，百戰百勝。」要看通人性，看通形勢。

1. 分辨杯葛是真是假

初入職的你，是個被動和自卑的人，容易感覺別人不接受你，疑神疑鬼同事對你不友善，什麼都不算你一份。你要記得，你是新人，別人也要花時間，觀察你是否可接近和值得信任，會否對他們構成可能「威脅」。如果你肯主動釋出善意，展示自己不會威脅他們的「地位」，他們漸漸會算你是「自己人」。

新人C加入新公司，當同事知道他是基督徒，就開始疏遠他。新人C非常不解，有次，茶水阿姐説溜了嘴，謂同事認為因為他是基督徒，不説謊，有些壞事又不會做，所以會對新人C刻意隱瞞。當時他感到不是味兒，心裏苦笑：「總算讓人知道自己是基督徒吧！唯有堅持對人友善。」

2. 杯葛是一種羣體行為

既然是杯葛，就不是一個人的事，是一種集體行為，一班人有着共同取向和行動方式。而所有集體行為，都有一位「意見領袖」(opinion leader)，角色是帶領和主導羣組的思考。而其他人大多只是附和居多，他們恐怕一旦不附和，自己也遭排斥。當你懂得這樣想，就別太害怕「所有人」都同樣不喜歡你。可能當中可以找到一些不太抗拒你的人。

有同事搞辦公室戀情，因男的一向「乞人憎」，遭人杯葛，女朋友由原本好人緣，也變成杯葛對象。女的知道大家針對的是她男朋友而不是她，所以她想：「唯有儘量對人友善。」於是她仍然與這幫人「個別」相處接觸，因為沒有羣眾壓力，個別人士待她還是友善的。漸漸地，他們對她也沒那麼介懷了。

3. 擒賊先擒王

處理杯葛問題，先要找出「意見領袖」。如何應付他？要了解他。一般辦公室政治總離不開「安全感」問題。很多人怕別人取代自己的地位，便不得不樹立勢力，跟「假想敵」對着幹。你要放下身段，放下恐懼，深入虎穴，直接接觸這位「意見領袖」，刻意展露善意，多聽、多肯定、多感激他的意見，令他漸漸放下戒心。必要時，可能要真誠對他説你無意威脅他。他一鬆懈，其他「黨友」也無功夫去搞事。

4. 性別歧視

有時杯葛是一場性別鬥爭。例如一羣大叔看不起一個女生進入陽剛味重的職業，如工程或 IT；一班阿姐不滿一個男生在女性主導的辦公室等。性別問題要講「尊重」，不妨作一種心態的轉念，視他

們為「阿哥阿姐」。另外你也要確認和忍耐，作為少數族羣，多觀察和聆聽別人的處事手法；可以補位的地方，就儘量補位，令對方漸漸認識你的「不同」，可以帶來什麼新氣象。

5. 不要搞革命

很多時候，新人喜歡批評公司現況有什麼不濟，目的是想儘快表現自己的能力和眼光。即使你沒意圖批評人，但別人聽起來總覺得被批評，感到是他過去做得不夠好，被指責要負責任，這樣做實在乞人憎。新入職時，多留心公司和同事可欣賞的地方，也要諒解公司很多問題都可能潛在已久，原因複雜和深遠。即使老闆要你指出問題，也要避重就輕，顧人感受。

你的出現，不多不少一定改變辦公室「生態」，其他同事也要學適應。因此，你其中一項「任務」，就是「幫助」同事適應。學習調節你的工作態度、節奏、方式等，嘗試配合他們。

衰同事毒素

這是一個殘忍的現實：「公司有得揀，同事無得揀！」而且，接下來的殘忍現實是：「辦公室充斥着很多衰同事！」

年輕人最不懂應付衰同事，你以往在學校遇過的所謂「衰人」、「壞人」，只不過是小兒科。真正的歹角，只會在職場碰上。

要搞好辦公室人際關係，起碼要十年八年道行。如何在短時間，掌握幾分功夫去應付。試看以下簡單分析：

衰同事大概有兩種，一種會「激壞你」，另一種「攞你命」。

會激壞你的同事

這類麻煩人難合作，不過對你殺傷力不大。建議你迎難而上，愈難合作，愈要「合」作，意思是迎「合」他們做事的心態，令他們願意跟你合作。

1. 交付他的事，遲遲交不出來

可能源自他的工作習慣和態度。無論如何，直接逼迫他是沒用的。每次知道要跟他合作，只好將死線較原訂的定得更早，甚至將期望的結果和死線，用電郵寫好，另傳給你和他的上司。

2. 你請教他，他説唔知唔識

明顯地他不想指教你，可能怕教懂了你，他就失去價值。這種自卑感重的人最沒安全感。要增強他的安全感，只有令他相信你不是敵人。平時多跟他們閒聊交往，笑多一點，你的友善可能減低他們的防衛。

3. 知少少，扮代表

愛認叻的人都是沒安全感的，如果你擔心他「點你」，你唯有自己學精，多問其他同事意見。但當心他會懷疑你不信任他，只好有時選擇一些無關痛癢的事，照他講法做。

4. 做事總要你執手尾

這只能靠你自己學乖。每次與這類人合作，就要把事情的來龍去脈、可能性想通想透，看看有哪些容易「出事」的地方，儘量防範和準備。或者，跟他合作時，鄭重聲明，最近很忙，完全沒時間再跟進，一旦有差池，老闆可能會向他問責。

5. 常常説是説非

可能他滔滔不絕，也可能想拉攏你「埋堆」。那麼，你只有把聆聽廢話當作「工作」的一部分。不一定要埋他的堆，但千萬不要一起説是非。如果你怕不理會他，他一天會跟你作對，嘗試不要認同他的「看法」，只認同「感受」，例如：「我都知你很激氣！」

6. 明明是同級，在你面前扮上級

你是新人，老臣子會在你面前顯威風、批評你。他要威風就由他吧。如果他「點」你做東做西，也不用動氣。如果你認同的，就照做；如果你不認同的，就説：「我是新人，這個我不清楚，讓我問問老闆。」

攞你命的同事

這類人不好惹，因為他們可能已經對你有敵意。**如果有選擇，當然儘量避免摩擦。沒選擇的話，你要先控制自己的負面情緒。**

1. 有料不報

跟上面的一類有點相似，他手握重要資料卻刻意不告訴你，想「跣」你！不用怕！不用感覺被出賣，他原意不是要出賣你，只是怕了你，因為感覺你太強。你可以做事慢一點，隱藏一點，多提及他的優點，使他減輕敵意。偶爾在上級和他面前，直接感激他們，還說：「以後要多請教你！」不過，一定要真誠。

2. 過流料

不用太快反擊，先清楚事件的來龍去脈，事件會涉及什麼人，之後直接向他問清問楚。如果不得要領，運用《聖經》智慧，找兩三個有關人等對質，搞清楚事件。記着，清者自清！

3. 領了你的功

不用感覺不值，做人要「抵得諗」，不妨當好心有好報。不用斤斤計較，不一定要別人的掌聲。掌聲，不值錢的，只是虛榮感。而且，其他同事都長了眼睛，一定看到真相。

4. 事事玩針對

你必定很生氣，但要儘量讓自己冷靜。上班不是要別人明白

你。很無面？面子不是別人給，是你自己建立的。

用盡你全身的力氣和演技細胞，向他們展示你最友善的一面。當你心平氣和，能易地而處，例如：「真是辛苦你！我知道這件事不關你的事，都是公司的政策令大家辛苦。」開始時，他可能懷疑你什麼葫蘆賣什麼藥，但觀察一段時間，會逐漸放下戒心。

做工就是學「做人」：做好自己，看通人性！這個你要浸十年二十年。

從心理角度，人變得「衰」，因為內裏很「脆弱」，可能懼怕別人搶風頭、搶飯碗，你當然不能改變他們。那麼你只有學「自強」。跟衰同事合作時，他的惡行必定令你一生受用！明白就夠了，千萬不要依樣葫蘆，做下一個衰人！

化解 辦公室衝突

職場新人當然不想跟同事發生摩擦。不過有時候，但「我不犯人」，未必「人不犯你」。是否出現衝突，就視乎你遇上什麼對手，如果是敏感、神經質、剛烈火爆的同事，誤會就易產生，你自然忍無可忍，想發炮還擊。

辦公室衝突，表面上「對事」，本質上往往是「對人」。化解誤會衝突還是回到人性和關係層面。

要是衝突發生

不說不知，人際間大部分的信息傳達都靠「非言語」表達，包括表情、眼神、聲調、語氣、動作速度和肢體反應等。這些表達有時比語言更快，它們不需要經左腦思考，由大腦直接反射而出。在充滿火藥味的情況下，非言語表達產生很大影響，也會引發雙方更強烈的情緒反應。

如果你想避免衝突或衝突升級，最好提醒自己儘量壓低聲調，說話慢一點，甚至稍為停頓，深呼吸幾下再說。

至於用字方面，如果你真是對事不對人，就避免使用「你」字（帶針對性），反而說「我覺得事情怎樣怎樣」。

重啟溝通

衝突誤會一旦發生了，以後如何重啟溝通？

1. 先自己消氣

不要想着立即跟對方「處理」，你的憤怒只會使你說出不該說的話，愈搞愈壞。先給自己空間，消消氣，可以做其他事散心，或向別人訴說你的憤怒。你可能會說：「這個人很可惡！」我建議你這時要先照顧自己感受：「我覺得被屈！」「覺得很無面！」放肆地讓自己憤怒，是一種攻擊；衷心地訴說自己的委屈，是對自己的照顧。

2. 聆聽和澄清

憤怒時，你會覺得對方說什麼都是「辯駁」、「歪理」，很難聽進去。要強迫自己聽，究竟他想說什麼。儘量沉着，不要太快反駁，反而多問一句：「其實你意思是？你想達到什麼？你為何這樣說？」目的是澄清別人的動機。很多時候，誤會來自誤解。

3. 先明白，後表達

你不用同意別人觀點，但要先表示清楚，包括他的目的和動機。你不明白人，人也不想明白你，怎解釋都沒用。之後，你才慢

慢説出你的觀點（不是攻擊）。如果可以，嘗試找出彼此有否共通點和解決方案。

性格水溝油

有時，你發覺無論怎樣努力溝通，仍無法跟某些人溝得通，好像水溝油一般。可能，他跟你有完全相反的性格。

性格測驗 Myers-Briggs Type Indicator（簡稱 MBTI）主要探討人在四方面的行為和思想走向。其中一方面是有關「依賴什麼方式做決定」。主要分為「思考型」和「情感型」，這些方式會影響彼此如何討論問題。

思考型

- 堅持分辨是非對錯。
- 一味愛原則，大講分析。
- 據理力爭，要説服人。
- 對事不對人。

情感型

- 重視對他人的影響。
- 一味重視關係和感受。
- 以和為貴，主見不重要。
- 對人不對事。

（其他三方面，可參考〈增強創意的簡易法〉、〈向死線反擊〉、〈內向者的辦公室生存法〉）

「情感型」通常感到「思考型」為人冰冷、不近人情、説話不饒人、沒彎轉；而「思考型」通常感到「情感型」為人婆媽、感情用事、猶豫不決。「思考型」為人理性，面對衝突時，不會受太大衝擊。反而「情感型」感覺比較難受。如果你是「情感型」，又知道對方一向理性，真的不要太快認定對方針對你，儘管跟他理性討論，之後才提出「關係性」建議，作為其中一個「考慮點」。

信任問題

最難搞的是，雙方根本沒「信任」，怎説都沒用。沒信任的原因可能是：不認識對方、懷疑對方動機、過去曾發生衝突等。在這情況下，人會變得很防衛：説謊、否認、隱瞞、挑剔，甚至攻擊，一切為了「保護自己不受傷害」。因此，不信任其實是：「我怕你傷害我！」

信任要用時間建立，沒捷徑，只能用耐性。如果真要與一個有敵意的人初步建立信任：

1. 先不要讓他的「敵視」嚇倒你，因為他比你脆弱吧！

2. 減低對方的「威脅感」：顯出誠意（例如說：其實你的說法很好！），說明你的動機（例如說：我不是不同意你，純粹想澄清你的意見而已！）。

3. 如果暫時無效，只好等待時機吧！信任也得靠平日相處建立。

職場存在不少利害和衝突，充滿張力；但張力的處境也是鍛煉人忍耐和胸襟的最佳場景，增強你的生存力，他日成長得更有大將之風。

遇上無能上司，怎辦？

無能上司有很多種，其中包括：見鑊就縮，不負責任；心急，但沒方向；把持不定，總是不敢做決定；善忘，説了不認賬；有錯不認，但對你的錯斤斤計較……總之，他們幫不上忙，反而給你添煩添亂。

年輕人在職場上做小的，遇上無能上司的機會很高，避無可避。一旦遇上，既然無法選擇，又不想被對方搞得氣絕身亡，必須要學懂向上管理（manage up）。

無能上司是常態

我並非掃你興。這句話實在很重要，當你以一種「硬食就硬食吧！」的心態和平常心去面對，反而可以調節心態。你會問：「怎能有平常心呢？」

1. 你的上司不是天生如此無能

美國管理學家 Laurence Peter 提出一套「彼得原理」：一個員工因為表現優秀，被擢升到更高的職位，最終會升遷到一個再也無法勝任的職位。這時候，他就顯得「無能」，連他自己都不想的。他坐在這個職位，都有很多焦慮和不安，需要更長時間去適應和學習。

但你會説：「管他的！總之他不勝任！」

2. 你跟上司同坐一條船

職場是個「合作」場所。不斷抱怨他不勝任，根本沒建設性，不如想：「怎樣做才能讓對方好好工作呢？」**只要他能好好工作，你就能好好工作。如果你能協助他，就是協助自己。這樣做不是出於「自大」，而是學懂配合，學懂向上管理。**

向上管理法

要向上管理你的無能上司，先要了解他。有時候，他未必如你想像般完全「無能」，可能他未懂做好上司的角色而已。但你又可以怎辦呢？

1. 工作指示模糊不清，非常抽象。交了貨，又被打回頭，真生氣！

有類上司常常感覺自己很忙，沒時間想清楚如何給指示。更糟

的是，他們未必是老師的材料，只懂自己做，不懂教曉人。

那麼，唯有你先做個好學生。好學生是求學問，要懂得「問」。不過不要只管問，也要建議一些方法、次序、結果、期望和時間。可以的話，用文字記錄重點（如電郵），或者先給他看初稿。有些人要看着「半製成品」，才能想通自己要求什麼。

2. 明明之前講好有一星期去做這份報告，今天突然走過來說三天後要！

另一類無能上司遇上壓力卻不懂自處，在無計可施下，唯有將壓力卸給你，叫你立即完事。

嘗試放下自己委屈的心情，聆聽和了解到底發生什麼事（如上司的上司要什麼資料，或客戶正在投訴什麼）、什麼地方要立刻處理……之後，想想有什麼反建議，或找出切合現況的解決方案，重新訂定工作的優次。

3. 明明說了這樣做，每天都改一次，叫我怎辦？

這類上司主意多多，三心兩意，經常拿不定主意，又或者極之完美主義，改了又改。

應付方法是不要立刻去辦，可先做些準備工夫，免得他主意一改，便前功盡廢；有時要留下他的指示作證據（例如他工作指示的字條或電郵），讓他知道你沒有做錯，只是他改變主意，使你做出來的東西不符合他心意；有時是把他改過的新舊文件一併交給他，讓他看到有些地方早改過；有時是留到最後一刻才把成果交出來，之後對他說：「沒時間再改了。」

4. 他提出的方法根本行不通，偏要我去跟！

無能上司聲大未必準。你總會容易發現這類上司的意見有缺漏，但只要不影響大局，都應該先依照指示去辦。這種上司大多自信不足，你愈多批評，他就愈堅持。反而你開始實行，一面做一面向他匯報，再給修正意見，他會軟化，又覺得你能幫忙。

5. 上司只把工作丟給我一個人做，做死我了！

有些無能上司欠缺領導才能，有時他們只想要結果，一心要用最快的方法獲取結果，卻不懂分配工作，以致下屬工作量不平衡。如果他認為你最勝任，為何要冒險將工作分配給能力不及你的人呢？

如果你已超負荷，要向他説明你手上已經有什麼工作，反問他哪項比較趕急。還可以建議如何跟其他同事分工，會達致更好更快的效果，甚至提出你會指導其他同事。他就可以放心了。

6. 功勞全被上司領走！很可惡！

更無能的上司特別自卑，容易感覺地位不穩。你要有穩當的上司，你的工作才能穩當。

學習與上司分享功勞。經常用不同渠道，讚賞上司對你的幫忙，令人知道你有份，上司也有份。那麼，上司會漸漸對你產生安全感。

我覺得不一定要學「擦鞋」，但一定要學懂「取悦」上司，因為取悦別人是一種能力。這就要學習如何認識他、跟他配合，令共同的事情有所進展。更重要是，這種經驗使你引以為鑑，提醒自己他朝得志別變成這樣。

最難開口的話

上司是個要求高又兇惡的人，年輕同事A每次見他都顯得很怯懦。一次，上司叫同事A入房，詢問事務的進展。上司對進度極其不滿，同事A就開始支支吾吾，並且將責任推卸給生產商。可是，上司仍然不放過他，咄咄逼人，要知道究竟發生什麼問題。同事A最終無言可答，不得不承認是自己的責任。上司怒不可遏，批評他不負責任，痛罵他一番。

年輕人初入職，最怕遇上兇惡和嚴厲的上司，要向他們認錯、要求加薪，更是天方夜譚，談何容易。

但有趣的是：**無論向上司認錯和要求應有福利，兩者都有個共通點，就是「對他人」和「對自己」負責，關乎自己的 integrity。**

出錯了，如何向上司交代

工作上出了錯，的確難向上司啟齒，怕罵怕罰。不過，要避免更大的災難出現，也讓自己平安過渡，更要學習交代。

1. 預先報案

當你一旦發現問題，必然感到很焦急和羞恥，急急找出解決方法；你甚至想自己靜靜地解決，避免讓上司知曉。不要當上司是傻的，他很快就會掌握事件。不如坦白從寬，想想如何向上司解釋。做法是先向他報案，預先約定講有事要報告，留些時間給自己和他作心理準備，更重要是讓自己冷靜和清醒一下。

2. 交代細節

很多人報案時，往往避重就輕，刻意忽略了一些細節，特別是有關自己出錯或遺漏的地方。其實，上司「食鹽多過你食米」，他一聽就大概洞悉問題所在，你根本瞞不了。而且，盡責的上司第一時間只想找出解決方法，最關心一些關鍵細節，特別是過程有關的事。而你只在講自己什麼良好動機、什麼不想出錯、什麼沒大問題等辯護……根本對他沒意義，也不能解決問題。

3. 宏觀影響

人出了錯，會變得很緊張；愈緊張，人就愈「自我」。但是，在上司的角度，他要看的是大局。當你向他匯報時，要從一個大圖畫思想，究竟你的錯誤會對什麼人（持分者）帶來影響？如何向他們

交代和處理——他們可能包括你的客戶、同部門同事或其他部門同事。你這種表達，會令人感覺你有責任感、尊重他人和宏觀思考，在失分處補回少少分。

4. 犯了錯，上一課

人誰無過？除非你上司已經很討厭你，一早想開除你，否則他也會希望你有所反省和學習，解釋和掩飾反而顯得你毫無悔意。我勸你就當這一次是「一堂課」，而不是「一場災難」，意思是：想想當中你學到什麼、下次如何改善和避免、對你的工作觀和態度有什麼提醒。說不定，這反省也可以幫助上司在管理上改善。即使你上司不能體諒，你自己都已經「賺」了吧！

即使是最兇惡的老虎，看到羔羊表示屈服，也可能不忍心窮追不捨。勇於認錯是一種態度，目的不是自我保護，而是保護和尊重所有持分者。

如何向老闆爭取福利

另一種不容易開口的話，就是向嚴厲的上司爭取福利，例如加薪或升職。你要認知：成功的機會雖然一半半，但也要提得有尊嚴。

1. 最佳時間

當然，你要了解公司的制度和時間表。不一定要在每年檢討時候提出。對公司而言，加薪的問題有關預算，你要掌握老闆或部門制定財政預算的時間，這可能是每年人事評核前的時段。

2. 最佳機會

視乎你老闆是怎樣的人。如果他直腸直肚，就直接約他，說明要討論他對你的工作期望及加薪問題；如果他是個隨意的人，就在平常匯報的時候提出來。

3. 最佳的話

美國甘迺迪總統都說：「不要問國家為你做什麼，問你可以為國家做什麼。」你要先向老闆說明你對公司有什麼建樹，最近有什麼進步，不要以為他已經知道你做過什麼（大部分老闆不留心細節），目的是令他覺得你「值得」。

4. 要是他說「不」

首先要鎮定，之後不要只管問：「為什麼？」要問：「我可以再做什麼，才可以加薪或升職？」如果他有合理的拒絕原因，一是時

機問題，你想想可否再等；二是你未夠班，就承諾要改進。如果他無理拒絕，就是他未夠班做你老闆，你可以準備另謀高就！

最後，不要為了少少薪金而動氣，一間公司加薪與否有很多因素，你留不留在這公司也有很多因素，無論有沒有人工加，都不妨顯出你的氣量，向老闆說聲多謝！

成為加強員工熱誠的上司

一位年輕人進入了零售業幾年，換了幾間公司，很快就擢升為店長。當她轉到一間新公司，發覺大部分下屬都是十多二十歲的「嘣仔嘣妹」，俗稱「90後」。她漸漸發覺他們的工作態度很有問題：不願聽指示，只想用自己方法；一旦出錯又不肯認錯；不願加班，當值時間拿出手機覆 WhatsApp；不肯動腦筋，什麼都要問；聽了答案後又不記住，同一問題問完再問……她覺得很苦惱，比當一個低級職員更苦。

我工作了兩年，已經成為別人的主管，當時的下屬只不過比我年輕幾歲。幾年後，下屬也多起來。當時一方面我未學懂做管理，而且他們見我「年輕」，就不太尊重我。我曾沮喪地想：「有時寧願自己做，也不想求人。」事實上，一個人不能完成所有工作。我漸漸認識，**「管理」是工作上要學習的重要部分，學懂做上司，其實是學懂做一個有「胸襟」的人。**

胸襟是對別人的理解和包容，說到底就是一份「自信」。我見過很多人雖然身居要職，仍然缺乏自信，斤斤計較，既小器又忌才，怕下屬搶自己風頭，最終變得獨斷獨行，剛愎自用。

都說，領導是一種修為。

如何加強 90 後對工作的熱誠

我覺得不要太快用一種「一代不如一代」的心態，跟比你年幼的「下屬」相處，這不是合作。反而要了解他們的心態，知道他們需要什麼，才能推動他們。

1. 尋找意義

大部分新生代的家庭經濟情況理想，他們做工雖會考慮金錢，但薪金非工作單一考慮，他們有時甚至寧願減月薪數百元來尋求理想。理想就是對他們尋求的一種意義，可能是見識更多，接觸更多人，周遊列國，甚至為社會做點事、發聲。工作，不是為兩餐，是為「靈魂」。

不要用「你唔做，大把人做」或「出來工作就是求財」的態度回應他們，沒用的。你要幫助他們在工作上找到一份對他們、對他人、對未來的意義，定期交流和檢討。但首要的問題是：你又知道自己工作有什麼意義嗎？你有自己的理想嗎？

2. 尋找認同

新一代教育和視野的確較上一代廣闊，希望有更多機會發揮和

表達。所以他們期望工作環境可以開放討論，同事間能夠溝通和表達，也可以得到回應。而且，當他們做得好，更想有「非物質」回報，例如讚賞！他們不想遭你小看，想得到你的信任和委託。

我在廣告公司工作時，老闆要採用某一個推廣計劃，但我當時認為大有問題，所以向他「進諫」，其他人卻沉默噤聲。因為時間太倉促，大家沒法爭持下去，老闆最後決定採納我的建議。事情過後，我發覺一切如常，老闆似乎沒有把我犯顏進諫的態度放在心上。一段時間後，我向他重提這件事。他竟然說：「我不見得你過分堅持，反而感覺你對事、對公司很上心。是好事！如果我一言堂，以後哪有同事會向我提不同意見？」這事令我很感動，願意繼續賣力。

3. 尋求經歷

新一代成長於多媒體的教育之下，觀能感覺很強。溝通和指導上，多運用不同感觀的媒介，達到「經驗式」的學習：網絡、示範、親手嘗試，甚至讓他們從錯誤中學習。這可能顛覆了你過去的學習模式，或者不容有錯的態度。所以，你都要重新學習，甚至向他們學習。這樣，你就贏得尊重。

當我仍是廣告公司的低級職員時，一天大老闆召我入她的辦公室，我還以為自己犯了什麼錯。原來她吩咐我跟她一起到上海出席一個會議。我問她為何叫我去，而不叫我的上級去。她説要給我機會見識一下大陸這個市場。這是我人生第一個 business trip。她接着説：「會議在星期一，你於星期六出發，在週末看看上海這個城市。」我一直感激她真心栽培我，為我締造另類學習經歷。

4. 尋找果效

他們的確沒有捱過苦，很多事都唾手可得。但他們仍然有骨氣，有要求，不甘只在做一件事，更要產生果效。他們不想再聽你嘮叨：「你連ＸＸ都不懂？」或「不是這樣做！」反而，「你這樣做，會有什麼結果，有什麼影響」或「這件事，你可以貢獻了這部分」這種説法，才是正面的教導。他們要 stimulation to think（智者式），而不是 instruction to do（家長式）。

記着，你人生閱歷比他們豐富，知道的東西可能比他們多；但你可以傳授的，不僅是知識、經驗，而是你的胸襟和做人態度。

上班應用程式 7

無法滿足的上司

面對無能上司固然難受，另一極端，面對要求奇高，近乎完美主義的上司，更易中伏身亡。

這類上司基本上能力很高，因為他們對自己要求很高。可是，他們也不易被滿足，事事精益求精，甚至雞蛋裏挑骨頭。當中有些很自大，目中無人，以為自己是宇宙最強；還有些表面堅強，內裏卻害怕別人輕看、批評，表面自大，內裏自卑。無論哪一種，都叫你提心吊膽。

究竟如何面對及應付？

1. Don't take it personal

不要看成完全是你個人的問題，學懂將上司的刻薄批評跟自己的人格分開。他們的絕招就是用說話攻擊你，令你乖乖就範。不要上他的當。不是你蠢，反而是他蠢，不會輕鬆過生活。

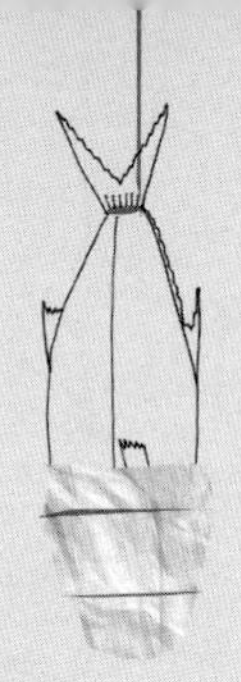

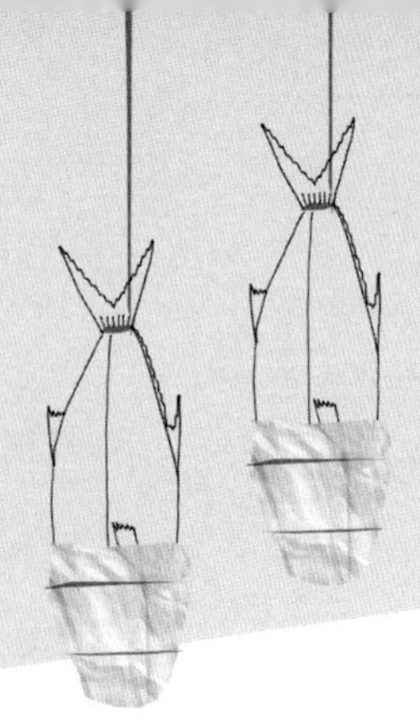

2. 不用太快妥協

上司要求多多，你以為立即就範，他就滿足？不要天真吧！你太快屈服，他更變本加厲，得寸進尺。要給他們比較現實的時間和結果，說明你手上已有工作，問他想先要什麼、有沒有其他人可以幫忙……幫他分清什麼比較優先，不是凡事都可能。

3. 不用太快拒絕

也不要一口拒絕，令他感覺你不合作不上進。其實你須要問清楚他的要求、期望結果和死線等指引，之後再有商有量。

4. 不奢望肯定

不要再指望他會讚賞你，要從其他地方得到認同和自我欣賞。反而留意自己的工作成果，留記錄以致日後可追查。留心同事、朋友、客戶的正面回應，建立多方面興趣，不要只用工作做個人成績表。

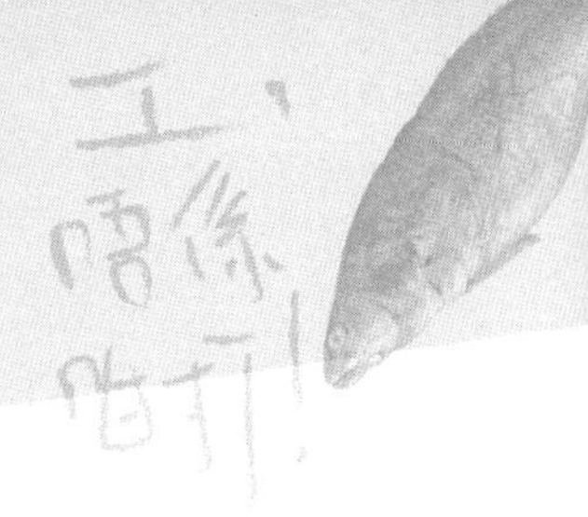

5. 先做好自己

這類上司難信任人，千萬事都想管想知。所以，你平日上班要準時，細節要留心，主動投案、主動報告，他們會對你放心，對你的事務相對少過問。

6. 多肯定他們

他們安全感弱，你反要多肯定他們，令他們少靠業績去肯定自己，少叫你做那些無謂的事。

7. 調校心態

完美主義老闆的好處是，把你嚴格地訓練成為鐵人，做到他的 80 分，在別處已等如 100 分。視這種上司為鞭策自己的力量，便會好過些。

上班應用程式 8
打招呼最強秘訣

講早晨有個秘訣，就是微笑。緊記，笑容，可以傳染的。還要記起和説出對方的名字，例如「早晨，Peter！」不錯，無論你跟他或她有多相熟，都不能吝嗇，這是人脈關係的建立，對方也想認識你。

由一天的開始，由開會前開始，由下班前開始……如何記住同事的名字呢？

1. 聽，聽清楚；不清楚，就問多次。

2. 你較易記憶中文還是英文名字，儘管用你熟悉的語言去記吧！

3. 如果你是個視覺型的人，不如立即寫下名字，用眼睛去「記」。

4. 如果你是個意像化的人，可以將名字與這個人的特性，以創意聯繫起來：會計部的 Jimmy（最懂計數的，為人一定「奄尖」）；人事部的 Susan（輸神，但不會輸給人，一定是人事部），用想像力去「記」。

5. 問對方取名片，留在身邊。

6. 要是再見面時真的記不起，不妨自我介紹，再問對方。

7. 還要加上一個態度：不用在意別人的反應，打了招呼就可以了。

總括一句就是要誠意呀！

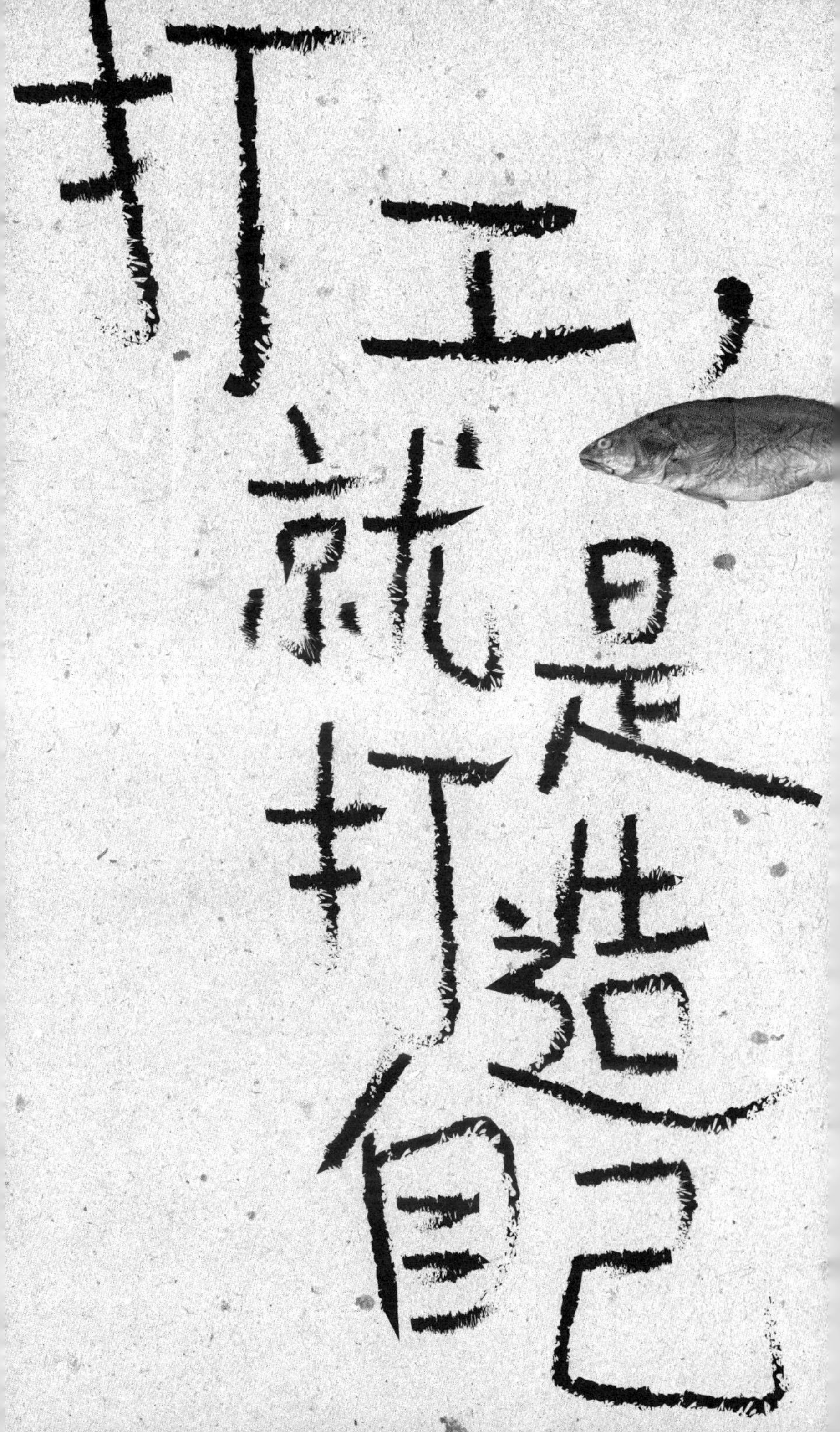
打工，就是打造自己

突破 職場生涯瓶頸

一位年輕人興高采烈地對我説，找到一份好工，加入大公司。不料兩年未到，他疑惑地對我説：「包圍我身邊的都是一班不思進取的中年大叔，我怕自己一天會變成他們一樣，而且我要學的已經學會，看來這裏已沒有發展機會，應不應該轉工呢？」似乎他走入職場的瓶頸，就是既沒法向前，也沒法退後的狀態。

另一種情況是，有些人天天嚷着任務難，上司要求高，自己卻不肯主動找解決辦法；又不肯請教同事，把工作擱了又擱。其實問題出在哪裏？當你卡在這個瓶頸，很多時候會直接想到是公司、上司或同事的問題，但你有沒有考慮，問題可能來自自己呢？

如果只管 hea 住等運到、等打救，就必定忽略了一些有助指示出路的「隱藏路標」。

先回想一下，在這關口你説得最多的，可能是以下兩句話吧？

這裏沒有東西學！

的確，你已經學曉工作上一般表面技能和工序，可是你真的找不到可以學的東西嗎？

打工，就是打造自己

一名年輕人在一間跨國影印機公司做了兩年，就對我說，影印機工作行頭很狹窄，沒有發展機會，很想轉行。於是我問他對公司的業績有多理解？如何分析？對影印機行業有多少認識？對將來影印和 imaging technology 技術有什麼了解和分析？認為本港的列印工具市場有什麼潛在機會……他立即目瞪口呆。我問他花了多少時間看公司的內聯網資訊，看過不同的商業雜誌或書籍沒有，他統統說沒有！

1. 宏觀視角

當我給你一個蘋果，你會如何形容它？你可能會描述它的外形、顏色、大小、好吃不好吃，如要你再補充，你可能說它有什麼營養、可以有什麼烹調方法。但很少人會問：它的原產地在哪裏？它與其他蘋果品種有什麼不同……這是以宏觀、長遠、根本性的角度去分析、思考、判斷、解讀、決策和綜合。

「宏觀性」的策略思維，是很多人會忽略的。大部分人只顧面前手上的事務，這種很快以為自己已經掌握了，忘記「市場」是一個宏大而豐富的體系。這是為何你會抱怨沒什麼可學的原因。

2. 微觀視角

另一種策略性思維是「微觀性」的，就是細心觀察，常常問：「這種事是如何發生的？這件事要怎樣做，才能完成？」

在廣告公司，我的主要工作是連繫客戶及創作人。初時，我完全觸摸不清創作人的脾性。每當我發現工作死線將至，要向他們討「製成品」時，往往換來面色或指罵，無功而回，反被上司指責。後來，我決心要想辦法。我觀察其他同事的做法及說話技巧，又估量創作同事的心情和工作情況。接着，我不斷嘗試在不同時段以不同說話方式，去追討同一件東西。結果，我找出法子去應付不同性格的人。

請讓這兩種思維陪你走一生的路。

這裏沒有晉升機會！

不少年輕人嚷着要轉工，認為工作苦悶，沒有「發圍」機會，有一大羣人排排坐等升職，什麼時候會輪到自己？但即使轉工，一時又未找到心儀筍工，唯有 hea 住做，等運到！

打工，就是打造自己

有試過等小巴嗎？你在小巴站等候一輛 16 座小巴，連你在內，隊伍中一共有 16 人。我問你：「每一個等候的乘客能上車的機會有多少？」一般人通常會回答：「一樣。」答案是：「錯！」

在一輛小巴上，總有你特別喜愛的座位，例如有些人喜歡車尾，有些人喜歡單邊位等。只有在隊伍中排行較前位置，才能選擇最佳位置。

你不滿現在的工作，沒有其他出路，但 hea 着做不是辦法。要是你不想做，不難找一個或無數個藉口；要是你想做，也會想出一個或無數個辦法。機會只在你一念間。

一名年輕人在一間公司某部門做了三年，一心想調職到另一前途更好的部門，可是一直不能如願。他終日埋怨和苦惱，很想辭職一走了之，但又怕代價很大。我跟他一起檢討，事實上他現時的上司很欣賞他，不願他調職；另一方面，他為人口沒遮攔，其他部門同事有點抗拒他。於是，他開始學習沉住氣留在部門繼續做，一面等待機會，一面改善自己的説話態度。半年後，他的上司調職，他也被另一部門賞識邀請過檔。

累積軟實力

突破這個瓶頸的秘訣，就是懂得「沉住氣」，一面改善自己，一面等待時機。要怎樣改善自己？就是累積**「軟實力」，即人脈、經驗、見地、信譽、溝通能力、文化適應力、風暴抵抗力等，特別是建立「別人對你的信任」，這些東西統統要時間累積的。在一間公司工作待得愈久，愈有資格練「軟實力」。**

沒有卑微的工作，只有卑微的工作心態。什麼是卑微的工作心態？就是天天抱怨自己沒什麼、缺什麼；先別抱怨，來尋找身邊的「隱藏路標」吧。

辭不辭工的
考慮

前文提過，卡在瓶頸，一條出路是發掘身邊隱藏的寶藏，如果你挖空心思都發掘不了，是不是要考慮辭職呢？潮流興「裸辭」，未找好後路就決心辭職，可能給人一份灑脱感覺；有人甚至可能想報復，殺公司 / 上司一個措手不及。曾聽聞有些年輕人終日把辭工掛在口邊，每次見他，都嚷着要辭工。幾年後見他，仍像咒語一樣唸着，終歸與該份工作苦苦癡纏，分不了。

辭職與事業規劃

以下有可能是你想辭職的原因：

上班兩週內：當初與 HR 部門的溝通出問題，生了誤會。

上班三個月內：不能適應工作，或工作內容不符自己想像。

上班六個月內：與直屬上司夾不來。

上班兩年左右：與企業文化夾不來。

上班三至五年：晉升空間停滯不前。

上班五年以上：厭倦，或者進步速度不如理想。

簡而言之，僱員在工作中得不到想獲取的回報或滿足，便想另謀高就；講滿足，其實與「事業規劃」息息相關。

辭職是個困難的決定，因為你可能要放棄一些東西：有人趕在 30 歲前享用 Working holiday 而放棄一份有前景的工作；有人為了一時意氣，放棄在公司已建立的基礎；有人為了一二千元的薪水，放棄駕輕就熟的工作，轉去不熟悉的行業。值不值得，你要想清楚。

當你考慮辭工時，同時要考慮你的事業規劃和目標。很抽象嗎？這比薪金更實在，就是以下這些考慮：

1. 極度沉悶，沒發展空間

每天上班感覺無所事事，完全沒有挑戰，還未上班便期待下班。

沒錯，有些工作可能對你來說太簡單刻板，沒挑戰性。如何令工作更有挑戰性，更有意義？重點是退後一步，觀察和了解公司的人脈關係，提升自己的人際技巧；或者用一個廣闊的角度看看這公司和這行業的情況和發展機會。這一點，我在前文〈突破職場生涯瓶頸〉已介紹過。

2. 心理質素變差

工作帶來太大壓力，以致影響心理健康，工作時想睡，睡時老想起工作。

那麼，真正問題未必直接與你的工作有關，反而與你的性格有關。你要撫心自問，會否容易緊張自己的表現、別人的評語？這可不是你太自卑，就是太完美主義。你首先別單想着辭工，當你性格、想法沒變，辭了工轉到別處，問題也解決不了。找朋友、找醫生、找空間，處理自己更實在。

3. 出現更合適工作

遇上更合適的工作，當然是時候換工作了。

如果這真是筍工，你當然要義無反顧，一走了之。可是，大部分情況都是，兩份工，各有各好，要如何衡量？這就視乎你的為人和生活目標了。「更合適的工作」並非單靠薪金來衡量，還包括，這工作能否給你更佳的事業發展空間，能否滿足你個人更深層的需要（譬如是你喜歡的、是你樂於承擔的⋯⋯），抑或在其中你有機會建立更廣的人脈關係，它可能給你多一些生活空間。不要被眼前的忙碌，或小小甜頭蒙騙。

4. 離退休還遠

未滿 40 歲就已經滿腦子是退休的事。

且不說夠不夠錢退休的問題。每個人總喜歡閒適。但閒適不等於退休。很多人看廣告多了，以為退休可以環遊世界。青春如你，沒事做一年兩年準會發瘋。工作辛苦，幾乎是無可避免的了，不過當你感到辛苦時，是時候思想你工作的意義，記得我提過兩道英文題嗎？What are you? What's your boss? 同時，也不妨問自己有什麼想達成的心願，臨終前你想有什麼 achievement，有什麼值得自豪的事？你的答案會指示你當行的路。工作的意義不止於賺大錢，它也在書寫你的人生意義，工作可給你帶來什麼價值？

5. 工作環境變差

工作環境愈來愈差，例如公司進行大規模改革、聘請大量新員工、管理架構出現變動等，令你不想再留下來。

有危就有機。有些人怕公司有大變動，會被炒！你想想，你真的怕被炒沒工作，還是面子擱不住？有些人怕改革時，自己會被投閒置散；試想想，公司以利益為重，如果你真的對公司有貢獻，沒有人可以忽視你。所以，你要學習處變不驚，在不同處境，尋找自己的優勢，可發揮的地方。

6. 格格不入

如果在同一地方工作了一段時間，仍感到格格不入，或許是時候轉工了。格格不入的感覺可以是工作乏味、沒朋友！

你試檢討一下，格格不入的真正原因是什麼？這可能包括你無法在職場上建立友誼，無法配合你上司的作風和指導方式，無法找出你在工作上的優點缺點。很多時候，這些處境都會引起內心的負面情緒，例如不被認同、不被賞識。當你這樣抱怨，怪責自己盡了力都無法達標，其實是時候你要重新反省自己的目標、期望、工作和待人態度。

失敗不是當你遇上困難的時候，而是發生在你徹底放棄之後。

辭工是個信號，不單提你要計劃事業前途，也提你抽點時間自我反省一下。

減退失業的負能量

要是你真的鼓起勇氣「裸辭」，接下來的就是失業的日子了。

失業初期，工作辛苦了一段日子的你，自然會視這段時間為「休息期」，心中懷抱着一絲希望，感覺新工會很快從天而降、賞識你的人快將現身、出人頭地的日子就在面前。

當日子一日一日地過，望見搵工網頁的空缺都是司空見慣，而銀行存款又一日一日減少，內心就開始焦急起來。最怕別人關心：「搵工搵成點？」開始不敢接觸朋友而孤立自己。久而久之，負能量不斷增加，開始質疑自己的能力，再提不起勁，甚至想放棄。

當你遇上失業天，我鼓勵你要保持正能量。我當然不會認為只要努力，只要有信心，就很容易找到工作。我說的是，你不一定要把失業視作人生的重大失敗，而看不起自己，甚至覺得身邊的人也看不起自己，對未來失去信心。

失業的生活常規

第一個保持正能量的方法是維持「生活常規」。

打工，就是打造自己

我曾經失業兩次，每次幾個月。我跟自己説：「不要看失業就是失去『工作』，我還有很多事要『作』呀！」因為我知道，一旦讓自己無所事是，便容易鬆懈，自暴自棄，即使找到工作也難熱起身來。

於是，我會視失業時期為一份「另類工作」，一開始就替自己編排好生活的節奏和常規（routine）：

- 固定作息時間，跟一般上班族起牀時間無異。
- 安排閱報讀書籍的時間，也有運動時間。
- 安排搵工和修改 CV 的時間，這時候同時是自我檢討和認識的時候。
- 約朋友和舊同事見面，增強人脈和支援網絡。
- 安排做一些平日工作時沒機會做的事和去的地方，充實自己。
- 重新安排自己的消費模式，選擇特價品或特惠時段用餐。
- 縱然沒有正職，也會參與義工服務或兼職。
- 學習新事物，例如電腦程式、中文打字和個別興趣等。

漸漸地，我的失業日子不比上班一族優閒，而且過得很充實，心理上也不會感覺自己沒有用，還在繼續增值。更重要是，不會給自己太多閒置時間胡思亂想。

失業時，要善待自己

失業即是待業，就是「過冷河」，應該好好利用這段自由時間。**失業是一個「整理」自己的機會，不要以「長度」量度，應以「厚度」量度。**當你懷着正能量，善待自己，這個過渡期便會帶你到達一個新層次。

1. 釐清與變通

找工作，找理想，須要懂得變通。

先釐清找工作的方向：你是找不到工作，還是找不到「想要」的工作？千萬不要自我設限，適合別人的工作，不一定適合你。我遇過一個曾做紡織買手的人，當他失業時堅持只能夠選擇紡織有關的工作。可是，這類工作機會非常少。最後，他願意放開心懷嘗試，最終找到其他與成衣相關的工作。

2. 機會是試出來的

一直挑工作，就無法累積經驗。初職者最缺乏的就是「經驗」，你應該先積極幫自己找尋增值機會。不少過來人都有深刻體會，真正適合自己的工作，往往是「試」出來，未必一次就「找」到的。

找工作時，應拋開「完美理想條件」的過度期望，在還未充分了解自己取向前，不妨先從有學習空間的工作開始，一步一步探尋未來適合的方向。也不要嫌棄兼職工作，一來可以賺點外快，更可以提升能力感。

她從事 shipping，失業了幾個月，感覺無所事事。朋友介紹她一份義工，替小學生補習。她起初有點抗拒，因為沒薪水，也沒這方面的經驗。但生活實在太沉悶，她終於接受。過程中，她漸漸發覺自己喜歡小孩子，開始考慮有關教育或可以接觸兒童的工作。最後，她憑幾個月義工經驗，進到一間補習社工作，開展事業新一頁。

3. 留意心理狀態

當你對自己失去信心，對將來感到絕望，有機會與很多「隱藏的機會」擦身而過。其實求職者的技能、資歷，以致求職技巧都不相伯仲，你是否能脱穎而出，視乎你能否儘快從失業的打擊中復原，保持最佳心理狀況，屢敗屢戰。

這時候，我鼓勵你多看能帶給你正能量的書籍，找朋友傾訴，為自己分憂，同時建立人脈。我聽過很多曾經失業的人説，他們找到的工作，都是由很久沒見的朋友推介的。

可見，失業期間最重要的工作，不單是找工作，而是重整你對待自己的態度。

抓好 Working holiday 的機會

打工，就是打造自己

不少上班族打了幾年工，但感覺累了，看到香港令人窒息的生活環境，或者不滿現況，又不清楚未來方向，便趁 30 歲前辭工。無工一身輕，遠走高飛，享用一下 Working holiday。

我曾問過一位 HR 高層：「如果有兩名條件相若的求職者，一個剛去了一年 WH 回來，另一個一直待在另一間公司工作，你會傾向選誰？」

她毫不猶疑：「我會傾向請後者，因為不用等那個新同事調整工作狀態、時差（區域性時差，還有不願一早起牀的時差！）事實上，去過 WH 的人未必一定有經驗保證。」

她接着說：「我曾經收過一份 CV，求職者將 WH 作為工作經驗，連黑工（illegal works）都包含在內。他到底是坦白，還是自豪呢？哪有僱主會請他呢？」

我不是潑冷水叫你切勿去 WH，只是提醒你，不要奢望經過 WH 的「洗禮」，就能脱胎換骨。

換過角度思考 Working holiday

Working 有時，holiday 有時！計劃 WH 時，不要把它當作一個獨立的「長假期」，要納入在你的事業規劃之中，即是——

出發前

1. 一年與將來的目標

先想像一趟「一年」的旅程，會為自己具體地帶來什麼？學習外語、文化和視野；認識新朋友；學習獨立自主，改善性格；汲取工作經驗；一邊賺錢一邊旅行……這些目標如何連繫你前面更遠的目標呢？這不但是你要問自己，也可能是將來僱主要問你的問題。

很多人以為工作假期的體驗能令你的 CV 發亮，這未必與事實相符。如果沒有確立目標，勇於改進，工作假期的體驗，根本無法為下一份工作帶來加分效果。你將來在面試時，反而被人覺得你「浪費了一年」。

2. 考量事業階段

用前文提過的事業規劃思路，考量自己的整體目標、現時處於什麼階段、前面想踏上怎樣的階梯，才能判斷 WH 是踏腳石還是絆腳石。

例如，考慮出發時你處在人生哪個階段？三至五年的工作經驗，是你寶貴的資產；30 歲前同樣是事業往前邁進的關鍵位置，公司可能視你為明日之星；你也可以現時經驗為轉職的踏腳石。一時中斷而失卻延續性，會很可惜。

另一方面，剛畢業的新鮮人跑出去，回來的時候比一般應屆畢業生多幾分人生體驗回來；又或者出來工作數年，有一定積蓄、知識儲備和技能，保證回來後比較容易找工作；更有人出去回來後不想再打工，開始創業。總之何時跑去 WH 沒公式，只要知道自己為何要去。

在途中

1. 聯繫和記錄

有些人一旦遠走高飛，像跳進另一個世界，因為太享受當地生

活，竟然忘了本地的家人朋友。

留意跟香港聯繫，很多人會開一個網誌，記錄生活，同時跟本地親朋保持聯繫，也有助整理自己的目標計劃和人生觀。

也可以考慮跟自己的工作「連繫」。例如在當地尋找相關經驗的職業增值，而非「見咩做咩」。我認識有人在 WH 中仍跟原僱主的出版社保持聯繫，在外地定期撰寫網誌，把所見所聞作為出版材料。回來後，她很快重新回到工作崗位。

2. 感情生活

很多人可能因寂寞或新鮮感而發生異地情。你要問自己，「一年貨仔」可以發展出什麼？或者當中有些開花結果，但也有更多傷心收場的例子。一年貨仔，玩得起嗎？不同文化，接受嗎？感情是複雜和難捨的事，要三思。

回港後

外國鳥語花香，空氣清新，香港沒有；外國地方清潔，人民素質高，香港卻太多自由行；外國縱使最低工資也比香港一般人工高。很多人回港後，仍然依戀當地的人和事，感到跟香港有很大落差。

打工，就是打造自己

由「童話世界」回到「現實世界」後，有些人遇上價值觀衝擊，甚至想擺脱離港前的價值觀和生活方式，但又因回歸現實，感到自己難以銜接現時的生活文化和節奏。

有人不能獲原來的公司聘請，只能做 freelance 或兼職；有人變得憤世嫉俗，對現實諸多不滿，漸漸迷失；有人變了隱青，低沉了相當時間；也有人甚至患上抑鬱。

出發前做好心理準備，確定自己的價值觀（例如對生活的追求、對家人和別人的承擔）；出發前和回港後，找朋友傾訴，請他們給你不同視點，幫你沉澱和調校期望，好重返現實。**「面對現實」不等同「向現實低頭」，面對現實是提醒自己找更好、更適合自己的方法，去應對處境吧！**

你也要明白，一年時間，你只不過在當地「渡長假」，並非真正「生活」；你在旅途中多數「埋堆」的是同聲同氣的 WH 友（甚至香港人），還是當地人？甚至當地移民 / 少數民族呢？其實你看到的，只會是別國的表面風光。

工作假期不是工作忙碌和迷惘的避風塘，不要忘記，這也是你事業的一部分。

30 歲前，要知道有關金錢的事

打工，就是打造自己

現今的青年人大都是低薪一族，但又支出繁多，要添置上班衣服、和同事出外吃飯、交通、應酬，再加上一畢業就要還債給政府（grant and loan），你怎樣過好生活，發展理想？

我曾經做過「月光族」。打工第一年，收入非常微薄，積蓄不多，卻要應付家用和自己支出。一日，我在銀行提款機提不了款，才發現戶口儲蓄竟然少於 100 元。於是月尾出糧前數天，唯有捱麪包做午餐。之後，我決心要管理好金錢。這是我既深刻又淒慘的經歷。

你不理財，財不理你

初出茅廬的年輕一族，開始賺取收入，是正式管理金錢的起步。

金錢用來做什麼？用來完成最重要的事；維持你所期望的生活方式；分享，令大家都快樂；鍛煉自己的堅持與忍耐力。

為何有些人不懂理財呢？可能是欠缺了個人整體目標，沒有將金錢放在自己的人生規劃和生活態度之下去運用，漸漸地讓金錢成為自己的主人。

以下是不少人從實戰經驗累積出來的簡易法則，也是一種鍛煉；鍛煉你的耐性、堅持、謹慎、細心、智慧、慾念和價值觀——

1. 儲蓄是福

「收入那麼少！還談什麼儲蓄？」打工幾年，難儲蓄很多錢。不過愈少錢，就愈需要儲蓄。由極少做起，成為習慣。儲蓄要有目標，這目標要與你的人生某些目標連繫，例如：如果你是個愛消費的人，容易入不敷支，那你就要多設一個銀行戶口，習慣每月先放一筆固定金額存款，目標是 30 歲後，有點積蓄或緊急基金（起碼要多於六個月收入總和）。

2. 記錄金錢去向

「錢飛到哪裏去？」問這問題的人，基本上不太清楚自己的生活和消費模式。不如每月做個預算，限制每月支出，本月多用了，下個月要緊縮開支。若本月要多送禮物，下個月就節省一點。

在電腦開一個 Excel 表或手機應用程式，記錄每天支出，甚至可以分類（家用、交通、食用、應酬、衣服、拍拖、保險、數據費⋯⋯），你將會發現自己的生活和消費模式，也可能驚訝自己原來如此揮霍！如果你有恆心，更可以按月按年記錄自己的收入和支出模式，你就會明白為何自己一直儲不了錢。

我要求銀行給我紙本月結單，雖然有點不環保，但較為容易掌握，總比在電子郵件內看完就算理想。不要看到 MPF 或投資結單就感到煩躁，丟在一旁，認為銀行總有人幫自己處理，沒花時間去研究。着緊你口袋的人，其實只有你。

3. 優化付款方法

不要「迷信」信用卡，視為「預支卡」(先用未來錢)，要視它為「支賬卡」(方便和記錄消費，及賺取積分)，也要限制自己在什麼情況下可以使用。卡數要「月月清」，不要只付最低收費，更不要讓銀行收取你任何利息。

簡化付款方法，選擇自動轉賬（可用信用卡賺積分)，而我喜歡用「繳費靈」，每當遇上賬單，立即付款，並要將付款日期定在限期前一日，為免自己忘記而被罰款。

4. Think twice

「用光再算！」經常大花筒，以為出糧後就可以填補，最後儲不

到錢之餘，更可能負債。當你的手機未壞、車未「跪下」、鞋未破、手袋未太舊，你便蠢蠢欲動要棄舊迎新；請三思，想多幾天，問問旁人意見，或列出換和不換的理由來衡量，這樣可免破財。

Share cost！儘量考慮分擔費用，例如緊急要坐的士、租屋、旅行等，甚至午餐時不想吃太多，都可以找人分享分擔，勿浪費資源和金錢。

5. 投資做功課

「以小博大！」很多金融界朋友，異口同聲對我說，多年來的投資總成績，多是蝕錢，最好都只是打和。人家去抽新股你又去，人家排隊兌外幣你又去……不知投資市場受很多因素左右，所以投資還是要從長線和低風險開始。成為投資大海生還者的唯一方法，只有「做功課」，不能靠運氣。

6. 家用和捐贈

我建議無論多少金額，都要給點家用，這是一種對家人的承擔及對自己的責任。不妨坦誠跟家人商量家用要付多少。跟家人說好自己很想對家庭負責，但始終要還錢給政府，上班初期可否減少家用金額，直至還清貸款再算。

不要做守財奴，學習捐贈，才懂得珍惜。老套一句：「施比受更為有福」

7. 非物質收穫

初出茅廬，容易跟同學和朋友比較，看到別人的收入和消費，就開始嫌棄自己收入低微，「身痕」想轉工。其實，年輕人在工作上最大的收穫不是金錢，而是經驗。如果這一份工作有學習機會，不要輕易放棄。轉工太多，反而不利儲蓄。

金錢管理其實是先「管你」自己，才管理金錢。

有些死貓
總要吃

打工，就是打造自己

初職者在辦公室是最好「恰」的，只因職位低，什麼都要做，什麼都要聽從，經常成為被「跣」被「屈」的對象。

有次上司無端指責職員 A 在一次會議上，當眾說了令他丟臉的話。職員 A 抓破頭皮也想不起自己曾說過這番話，但上司卻非常堅持。職員 A 心裏卻道：「這隻死貓誰會啃！」於是，他跟上司爭持到底，要取回公道。最後，上司大發雷霆，說：「我說有就有！」職員 A 只好立時收口，但這道氣的確嚥不下。

年輕職員 B 在一間大公司工作，公司充滿辦公室政治。有次他的直屬老闆叫了他入會議室，裏面還坐了另一個老闆。他未出聲發問發生什麼事，就被直屬老闆罵他做錯什麼什麼，在另一個老闆面前遭大罵一頓。事後直屬老闆解釋：「不要 take it personal，我只不過要向這個老闆交代，總要有人揹上那隻黑鍋！」原來自己做了代罪羔羊。他抱着憤怨，在辦公室四處散佈老闆這惡行，最後竟然傳回老闆耳中。

以上都是「食死貓」的例子，明明不是自己錯，卻要受苦受屈，好像被迫吞下不想吃的東西。這時候，雖感到極之無辜，但大呻委屈未必最有效。

牛糞的故事

有一隻小鳥飛往南方過冬。天氣忽然冷了，小鳥也凍僵了，從天上掉下來，剛好掉在一大片農田上。當牠躺在田裏，一頭母牛走過來，拉了一泡新鮮熱辣的糞在牠身上。當時，小鳥感到不是味兒，只道牛糞好臭，心裏不斷抱怨，吱吱喳喳亂叫。

凍僵的小鳥沒辦法，只好一直躺在牛糞裏。漸漸地，牠發現牛糞其實很溫暖，讓牠的體力可以慢慢恢復過來。於是，牠繼續躺在那兒，等身體完全暖和後再起飛。

有一隻過路的野貓聽到小鳥吱吱喳喳的叫聲，就走過來查個究竟。順着聲音，野貓發現了躲在牛糞中的小鳥，非常敏捷地將牠抓起來，然後，大口一張，野貓將小鳥吃掉！

職場裏的死貓是很尋常的事。這個故事裏的糞就像「死貓」，又臭又難吃，但似乎必須要吃。

死貓總要食

忍一時反而風平浪靜！小不忍則亂大謀，不是說死貓非吃不可，而是有時這隻死貓未必對你有害，或者可以「溫暖」你和使你成長。每一次失敗，每一次被同事上司欺負，每一個困難，都可能是你人生成長的「養分」。

年輕職員 C 在一間家族公司工作，公司上上下下都是皇親國戚，據聞這裏的同事喜歡跣人。一次她跟另一位同事分工，最後死線過了，說好他做的事，他一半都沒做到。但她投訴無門，因想他是皇親國戚，只好自己學精：每次與人合作要把這件事的過程、結果、可能性想通想透，看看有哪些位容易「出事」，儘量防範和準備。

吃死貓時要記住的三件事

1. 不是每個給你死貓吃的，都是敵人

他們可能無心，可能是自然反應，你不用太在意。畢竟很多同事上司其實是你生命中的過客，不是你的好友至愛。不要事事來得

太 personal。有時，職場的不幸是無法用常理去解釋的。

職員 D 剛碩士畢業，在大學做合約研究助理，但辦公室內出現朋黨，project X 的人跟 project Y 的人互相懷疑，在會議和工作上也針鋒相對，不惜彼此陷害、不合作、不打招呼等。職員 D 心想：「我是來打工，不是玩政治。」周旋他們之間，感覺很為難。後來，研究計劃近尾聲，同事一個個因合約完結離開了。他回頭看，究竟大家得到什麼？

2. 不是每個把你救出來的，都是朋友

害人之心不可有，防人之心不可無。日久見人心，你要帶眼識人。

新人 E 在一件小事出錯，被上司輕輕指責。當她從上司房間出來，同事 F 就立即上前，似乎替她不值，要為她抱不平。因此，新人 E 沒有防避，向同事說了很多心底對上司的不滿。怎料，翌日新人 E 突然被上司召喚，還狠狠地被罵了一頓。原來同事 F 是出名的「二五仔」，以搬弄是非為生活樂趣。新人 E 卻一直被蒙在鼓裏。

3. 不要吱吱喳喳地抱怨

當你深深的陷入工作的屎埋中，即使感到多麼難受，也要閉上你喋喋不休的鳥嘴！抱怨才是真正的牛糞，別人只會感覺你不成熟，口沒遮攔。面對困難，要沉着應對，少說別人壞話，少埋怨，少踐踏自己的能力和尊嚴。

我認同新人是「最難捱」的階段，經常要吃最難吃的東西，但當你忍耐地捱下去，一天離開了新人的階段，逐漸地，你會磨練出**多一分耐力，多一分遠見，多一分帶眼識人的智慧。這都是做人的基本裝備。**

職場交叉點，
怎抉擇？

一名打工幾年的工程師，一次驗收建築物工程時發現有問題，追查下才發現是工人先出錯，然後自己也遺漏了。當時一大班工人圍住他，要他就此作罷。他當時甚為苦惱，也想只要隱瞞一下，事情就好辦，但內心卻對自己説：「一旦工程出錯會害了很多人。」

於是，他鼓起勇氣告訴上司，承認自己的錯。最後上司幫他解圍。他回想，若不承認錯誤，只顧維護個人榮辱，最終受害的，將會是建築物的使用者。

類似的職場交叉點故事經常發生，譬如講白色大話、偷公司文具、開小差、填寫虛假的上下班時間、提交虛假的賬單，甚至推卸責任等。當你身處其中，要如何判斷 do & don't 呢？

做好工就是做好人

工作，需要 integrity，就是「正直」和「完整」（integral），不會口不對心，道德誤判。

別以為 integrity 很抽象，是與生活息息相關的。

言出必行：重視承諾。跟同事説過，在假期時替他當職。講過「算數」的人會「突然發覺」不便，臨時拒絕，令別人大失預算。

負責任：不卸膊，肯認錯。不負責任的人明明是自己遲了出門口，竟然向客戶推説是別人的錯，遲了交文件給你，拖延你出門口。

兼顧大局：不單問對自己有什麼利害，也問對他人有什麼利害。不顧大局的人為了方便自己，就越過公司的原有程序不顧，令其他同事為難。

分辨對錯：這叫做正義，不論對何事何人，都要説出對的話。不講正義的人會同流合污。

你會説：這即是做個「好人」吧！不錯，工作就是學「做」一個完整的人。實踐 integrity，為要「對自己負責」。

我聽過有些成功的前輩説，雖然今天有點成就，但如果可以重頭來過，會選擇放棄之前曾經耍過的手段，或不會再傷害一些人。實踐 integrity，為了「勿讓自己後悔」。

四個方式解決灰色地帶

遇上「灰色地帶」又怎辦呢？世上有很多事「難分真與假」。

很多公司每年訂定的預算會參考去年的支出，如果本年度用得少，下年度就給得少。很多人為免預算被縮減，總會在年度完結前，想盡辦法「花盡」或「隱瞞」一筆數，以免影響下年的預算。部門多年來都是這樣做，要是老闆叫你依樣畫葫蘆，但你心中總是感覺不妥。你會怎麼辦？

以下有四個思考方式，你會怎選？

1. 利己又不損人

做人要識時務。利己又不損人的事可以做吧！

不錯，識事務會令你保住份工。但若一些不良的公司文化和手段繼續延續下去，你就成了幫兇，日後愈演愈烈。有些惡果不會立竿見影。

2. 目的為本

不計手段，只看目標，即是只要保住下年度的預算，就可以為公司或部門做更多事。當公司有錢賺，就會做福人羣。這種「目的論」想法，表面上對公司好，對同事好，達到最佳「效果」。但這「效果」反映什麼？就是效率和成績，説穿了，就是一種「賺到盡」的心態。

「賺到盡」是有代價的。保留不必要的預算，可能令公司成本無謂增加；當公司成本增加，就要增加收入和盈利。問題是，金錢成本就轉嫁給顧客，環境成本轉嫁給社會。誰是受害者？

3. 憑良心

良心是什麼？是內心一種向善的追求，在人生不斷重複地實踐，漸漸內化成習慣，培養出善良的品格。當你內心覺得不妥時，代表良心已經對你説話。

你會説：「如此偉大，搏炒呀？」不錯，即時的後果可能真的會被炒。炒的代價是什麼？炒的代價可換來什麼？工作的價值只是為今天的餬口，還是鍛煉自己走更遠的路？

4. 影響力

一種向不義説「不」的影響力。你的判斷不單為了一項小賬目，其實也反映你的價值觀：助長貪婪。細心想，你還是為人設想，選擇正義一邊，還是同流合污？

小改善大改變

有一段日子，日本的愛知縣每年交通意外死亡率冠絕全國，政府發起了「讚美運動」，鼓勵市民見到有司機做得妥當，譬如停車熄匙，就上前讚賞一下。經過一段時間，交通意外率真的下降了。

每人做一件小善事，合起來就成了大改變。**你一個人的影響力雖少，如果每個人都做一分，就像一塊小石投入河裏，引發一圈圈的漣漪。**工作就由個人品格的培育，擴展為一種社會行為。

做事
一絲不苟的思維

打工，就是打造自己

以前在廣告公司任職，每次會議前，須打點好會議室所有東西，例如印好議程、預備好所有廣告設計草圖、備妥會議時要播放的影像和器材等，甚至預備開會用的筆記簿和筆。一次當我在會議室打點妥當時，上司走進來，看了一看，對我説：「不要這樣放的。」於是在我面前示範一次，將議程以一條垂直線放在每張椅子面前，而筆記簿以平衡角度放在 agenda 旁邊，筆就放在筆記簿上，斜放成了一條對角線。我立時目瞪口呆，心想：「要這麼造作嗎？」

之後，我每次都照着她的方法做，變成我的習慣。有一次，一個客戶走進會議室，感到很驚訝，立即望着我説：「這位同事值得信任。」

這個經驗提醒我不要做「差不多先生」，做事要一絲不苟，才能給人留下好印象，這叫做 impression。對新人來説，impression 很重要。

初職者固然想大展拳腳，表現自己，但你剛入職，別人怎放心交託要事給你，只有安排你做打雜跑腿的事。只有先建立 impression，要別人知道你能在大事上忠心，先要在小事上忠心。

拒絕推薦的人

年輕人走進一間餐廳，禮貌地向坐在收銀處的老闆借電話一用，因為電話就放在收銀處旁邊，所以老闆對他的講話及電話中傳來的聲音聽得很清楚。

電話接通了，年輕人説：「太太，你好！我想找工作。請問你可否請我為你花園修剪雜草？」

對方回應：「不好意思，我已經有人幫忙了。」

年輕人鍥而不捨地問：「我可以以現時你所付的一半價錢，為你修剪雜草，請你請我吧！」

對方：「真的對不起！我對現時為我服務的人很滿意。」

「真的？」

「真的不用了，他做事從不馬虎，一絲不苟，我不會換人。」就掛了線。

奇怪地，老闆見年輕人的面上沒有半點失落，反而嘴角含笑，以為他因為受了太大打擊了。於是，老闆想給他工作。

年輕人推卻說：「多謝你，老闆。不用了。我已經有一份工作。」老闆一頭霧水。

年輕人笑着解釋：「我只不過想知道自己的工作表現如何，我就是替剛才那位太太剪草的。」

一絲不苟背後的思維

很多年輕人出來工作，嫌棄瑣碎和「濕碎」的事，總希望做點大事，爭取表現和成績。Devil in the details. Angel also in the details. 其實，你的成績表上顯示的，多數不在大事，卻在小事上。成也細心，敗也細心。以下是兩個例子：

一位年輕人進入銷售行業。他為人口齒伶俐，「跑數」對他來說毫無難度。可是，他很討厭文書和行政工作，常常不按公司規則和時間表做事。他一心以為：「只要我每個月向公司交到數，就沒有問題。」一次，公司計劃要從一班人之中晉升一個員工，竟選擇了一個「跑數」比他稍為少的人。那位年輕人怒氣沖沖去找上司對質。上司對他說：「你不是不好，但他做其他事務的確比你盡責，大老闆認為你整體表現難叫人完全信任。」當時，他也無話可說。

總編輯要交一份重要稿件給作者，差一個初入職的小編輯做一次跑腿。她本來已經很忙，但想上司如此焦急，這份稿件一定很重要。本來稿件已經放好在公文袋內，但她一時心血來潮，想看清楚有否搞錯，怕有閃失沒時間補救。她打開公文袋一看，發覺還沒疊整齊，於是自己疊好，還用反尾夾夾好，放入公文袋。最後，她在地鐵站交給作者。

第二天，總編輯召了她入房，對她非常嘉許，說：「我剛才跟作者在電話閒聊，他説昨天在地鐵車廂內，脱手把稿件掉在地上，幸好沒有撒滿一地。我猜是你替我做了工夫，防止意外發生。多謝你的周到，你做事，我放心。」小編當時臉都紅了，感覺努力沒有白費。

給人好印象不用買很多反尾夾，只要學會做事一絲不苟，**滴水不漏，不是靠「方法」，是多用「思維」：就是凡事想得周全，怎樣才能為別人帶來方便、教別人印象深刻、不會妨礙別人工作、不會發生意外……**

對於初職者，你會覺得很多工作都是粗活，例如文書、行政、會議、跑腿、接客戶投訴等，但它們卻能給別人帶來好印象。以後請你：多走一步、多看一眼、多做一點，才是上策。

走得更遠

我曾經在廣告公司遇上一位比我遲入職的上司，她經常無理批評，令我一度心灰意冷，想着不如 hea 做，甚至想還她顏色。後來我細想，她可能因我在公司已樹立地位，所以才妒忌我。之後，我決定做個有骨氣的人，在艱難中仍然維持自己一份忠誠的工作態度和人格，不要單看眼前的得失。最後，她因與很多同事合不來，自己請辭了。

或許你身處的公司或上司待你刻薄，你總想還以顏色。事實上，你改變不了環境，但也不是待宰羔羊任人魚肉。你可以改變自己心態。改變心態，就可以改變態度，改變態度，就增加你的高度。

你要的心態是忍耐、堅持、做好本分。這叫做忠誠(faithfulness)，就是王道。

自食其果的木匠

老木匠快要退休了。他告訴老闆：「雖然我享受這份工作，薪水還算不錯，不過還是覺得需要退休了，我想離開建築業，然後跟妻子和家人享受一下輕鬆自在的生活。我想沒有這份糧，生活也過得去的！」

打工，就是打造自己

老闆實在有點捨不得這樣優秀的木匠離去，所以要求他離開前，再蓋一棟具有個人風格的房子。

木匠雖然答應了，不過心想：「既然我快將離開，畢竟也辛苦多年，老闆也不打賞一下我。這麼吝嗇的老闆，我何必用心蓋房子呢？」

於是，他就草草地工作，用了劣質的材料，只做門面的功夫蓋這棟房子。他心中知道，這不過是「豆腐渣」工程。看誰住進去，誰就遭殃了。

落成時，老闆來了，順便檢查一下房子，還讚賞木匠說：「感謝你多年來的辛勞。真的沒有什麼可報答你。」木匠暗笑：「你做了傻仔也不知道！」

老闆開心地道：「其實，我出錢要你蓋這大屋，為要賞賜你。」然後，老闆把大門的鑰匙交在木匠手上，說：「這間就是你的房子了，是我送給你的最後一份禮物！」

實在太晴天霹靂了！木匠一手造成的惡果，只能獨自承受。如果他早知這棟房子是給自己的，一定會用最好的建材，用最好的技術來蓋吧！

但是，生命「無早知」，只有今天做好自己。

做個 faithful 的人

我聽過以前一個老闆説：「你今天無論做什麼，他朝都會 pay off 的。」類似俗語説：「出來行，就要還！」的意思。懂得這個道理的人，就要提醒自己做人、打工要忠誠。

有個公司老闆是美國人，每逢聖誕也回老家一家團聚。一次臨近聖誕假期，一班同事商議搞 Christmas party，有人提議不如在會議室打邊爐。有人説老闆最討厭人在會議室飲食，加上有煙霧警報器，會生意外的。有人回答，老闆已身在美國，只要我們封住煙霧警報器，就不會有人知了！於是，他們一致決定放工後打邊爐。

當初大家以為神不知鬼不覺。誰知過了一段日子，這事竟然傳回老闆耳中。他一再追問，同事當然撒謊。自此，老闆對那班同事特別嚴苛，加薪也沒他們份。由始至終他們都不明白，為何這事會傳回老闆耳中。只道：「你今天無論做什麼，他朝都會 pay off。」

風水輪流轉。我曾聽過，你今天所做的事，他朝會嚐到結果的。這是我工作二十多年，看過不少真實的例子：

打工，就是打造自己

1. 你曾佔了別人的便宜，或者過橋抽板，而沾沾自喜。但總有一天，吃虧的人會是你。

2. 你曾以為一時貪婪，沒有人發現。但一天，總有人看出不對勁，來問你做過什麼。

3. 你曾經背後説人家壞話、説謊，甚至出賣過人。但一天，你可能被人發現是這種不可靠的人，再沒有人信任你。

4. 你曾經以為沒有人知道你偷工減料，虎頭蛇尾。但一天，惡果出現時，別人總會查出由你一手經營的。

為餬口，你可以出賣勞力，但不要出賣別人、出賣自己。做個 faithful 的人，不是純粹為了避免犯錯和後果，而是證明你的價值。

後記：路要怎麼走？

小時侯，幸福是一件東西，擁有就幸福；

長大後，幸福是一個目標，達到就幸福；

成熟後，發現幸福原來是一種心態，領悟就幸福。

你非到達人生某一個階段，就無法參透過去在你生命中發生過一些事的意義，無法摸清前面要走哪一步。這是一生要領悟的事。

2006 年我參加毅行者，這是一項步行籌款活動，參加者要在 48 小時內橫越 100 公里的麥理浩徑，攀越 20 多座高山，是一個非常艱苦的歷程。

當中我有個深刻的經驗。深夜近凌晨時分，氣溫有點冷，我大概已經走了 20 小時，身體很疲倦，而且跟隊友分散了，獨個兒走到大帽山山頂。那時霧很大，四周漆黑一片，即使手裏提着手電筒在前頭照，肉眼只能看見前面的一小步。

初時，我心裏感覺非常不安，心裏不停盤算很多問題：「究竟這樣走會有危險嗎？前面究竟會遇到什麼？離終點有多遠？我的隊友在哪裏？」

究竟怎樣走下去？

面前，我知道只有兩個選擇：一直走下去，或者停下來等其他人支援。我立即祈禱，看看神給我什麼感動。這一刻，我感覺祂與我同在，一直陪伴我走。最後我選擇：「既然只可望見前面的一步，就一步一步走下去，總會走出濃霧，看到日出。」

其實，事業發展也是一樣。雖然人對將來知道的有限，彷彿沒有一張明確的路線圖，但既然沒法停下來，唯有見一步走一步，心中隱約帶着一幅路線圖，相信總會走到終點。

這本書的五個部分，正好給你五件重要行裝：

To dream：人要發夢，但也要將夢想之路 zoom 遠 zoom 近，方能將夢想與現實拉近。豈不知前一步助你走下一步，走好眼下每一步，就能走好整條路。

To search：雖然大環境有限制，路並非完全不由自主，路線圖得靠你自己親手描畫。尋尋覓覓，離不開認識自己，忠於自己，做個醒目新人。

後記

To accomplish：忙，也要忙得有道、有智慧。效率，其實是知道自己想做什麼、在做什麼、可做什麼、不可做什麼，才可以替時間和快樂心情增值。

To relate：世界新規則不是單講競爭，更講合作。合不來的人也可以當你最好的老師，助你成為更堅強，胸襟更廣闊的人。

To reflect：相信有天總可以走到終點，但請你無悔地走好這條路，才會不枉此生。思考怎走過去，做個怎樣的人，才是事業生涯的玩味所在。

也許你曾經對工作感迷惘，請你拿起這些裝備，抖擻精神，重新踏上征途。放鬆吧！享受路上風光。

祝你旅途愉快。

2015 年 1 月 1 日